Sammlung Außerdeutscher Strafgesetzbücher

Herausgegeben
vom
Institut für ausländisches und internationales Strafrecht
Universität Freiburg/Br.

LX.

Strafgesetzbuch der Russischen Sozialistischen Föderativen Sowjet-Republik

Berlin 1953

Walter de Gruyter & Co.

vormals G. J. Göschen'sche Verlagshandlung · J. Guttentag, Verlagsbuchhandlung · Georg Reimer · Karl J. Trübner · Veit & Comp.

Strafgesetzbuch
der Russischen Sozialistischen Föderativen Sowjet-Republik

vom 22. November 1926

in der am 1. Januar 1952 gültigen Fassung

mit Nebengesetzen und Materialien

übersetzt von

Dr. Wilhelm Gallas

Professor in Tübingen

Gedruckt mit Unterstützung der Gesellschaft für Rechtsvergleichung

Berlin 1953

Walter de Gruyter & Co.

vormals G. J. Göschen'sche Verlagshandlung · J. Guttentag, Verlagsbuchhandlung · Georg Reimer · Karl J. Trübner · Veit & Comp

Archiv-Nr. 246353/60
Satz und Druck: Thormann & Goetsch · Berlin SW 61

Inhaltsverzeichnis

Verzeichnis der Abkürzungen

Arm. SSR	Armenische Sozialistische Sowjet-Republik
ASSR.	Autonome Sozialistische Sowjet-Republik
BSSR	Bjelorussische (Weißrussische) Sozialistische Sowjet-Republik
Dekr.	Dekret
EPRON	Expedizija podwodnych rabot osobowo nasnatschenija = Expedition für unterseeische Arbeiten besonderer Bestimmung
Grus. SSR	Grusinische Sozialistische Sowjet-Republik
GS	Gesetzessammlung
Kolchos	kollektiwnoje chosjaistwo = Kollektivwirtschaft (Kollektivgut)
MWD	Ministerstwo Wnutrennich Djel = Ministerium des Innern
Nov.	Novelle
NKJu	Narodnyj Komissariat Justizii = Volkskommissariat für Justiz
NKT	Narodnyj Komissariat Truda = Volkskommissariat für Arbeit
NKWD	Narodnyj Komissariat Wnutrennich Djel = Volkskommissariat des Innern
OGPU	Objedinjonnoje Gosudarstwennoje Polititscheskoje Uprawlenije = Vereinigte Staatliche Politische Verwaltung
Ob. Sowj.	Oberster Sowjet
Präs.	Präsidium
RSFSR	Russische Sozialistische Föderative Sowjet-Republik
SSR	Sozialistische Sowjet-Republik(en)
SNK	Sowjet Narodnych Komissarow = Rat der Volkskommissare
StPO	Strafprozeßordnung
StGB	Strafgesetzbuch
Sowchos	sowjetskoje chosjaistwo = Sowjetwirtschaft (Staatsgut)
Turkm. SSR	Turkmenische Sozialistische Sowjet-Republik
UdSSR	Union der Sozialistischen Sowjet-Republiken
Ukr. SSR	Ukrainische Sozialistische Sowjet-Republik
Usb. SSR	Usbekische Sozialistische Sowjet-Republik
VO	Verordnung
VOS	Verordnungs-Sammlung
WZIK	Wserossijskij Zentraljnyj Ispolniteljnyj Komitet = Allrussisches Zentralexekutivkomitee
WZSPS	Wsesojusnyj Zentraljnyj Sowjet Professionaljnych Sojusow = Zentralrat der Gewerkschaften der Sowjetunion
ZIK	Zentraljnyj Ispolniteljnyj Komitet = Zentralexekutivkomitee
ZGB	Zivilgesetzbuch

Vorbemerkungen

I.

Die Verfassung der Union der Sozialistischen Sowjet-Republiken (UdSSR) von 1923 hatte die Grundsatzgesetzgebung auf dem Gebiet des Strafrechts in die Zuständigkeit der Union als solcher verwiesen. Dementsprechend ergingen am 31. 10. 1924 die „Grundsätze der Strafgesetzgebung der UdSSR und der Unionsrepubliken".[1]) Sie enthielten Normativbestimmungen für den Allgemeinen Teil des Sowjetstrafrechts, überließen dagegen den Besonderen Teil grundsätzlich der Regelung durch die einzelnen Unionsrepubliken. Die Staats- und militärischen Verbrechen blieben allerdings von vornherein der Unionsgesetzgebung vorbehalten; diese sollte darüber hinaus befugt sein, die Regelung solcher Verbrechen an sich zu ziehen, für die sich der Erlaß einheitlicher Vorschriften als notwendig erweisen würde.

Auf den in den „Grundsätzen" enthaltenen Richtlinien fußend, erließ am 26. 11. 1926 die Russische Sozialistische Föderative Sowjet-Republik (RSFSR), die größte der in der UdSSR zusammengefaßten Unionsrepubliken, das hier in deutscher Übersetzung vorgelegte Strafgesetzbuch (Ugolownyj Kodex). Es ist für den Bereich der RSFSR am 1. 1. 1927 in Kraft getreten und in der Folgezeit auch für die Kasachische, Kirgisische, Karelisch-Finnische, Litauische, Lettische und Estnische Sozialistische Sowjet-Republik übernommen worden. Soweit die übrigen Unionsrepubliken — so die Ukrainische, Weißrussische, Aserbaidshanische, Armenische, Usbekische und Tadshikische Sozialistische Sowjet-Republik — eigene Strafgesetzbücher erlassen haben, stimmen diese in allen wesentlichen Punkten mit dem der RSFSR überein.

Das StGB der RSFSR ist seit seinem Inkrafttreten zunächst durch Aufnahme der der Unionsgesetzgebung vorbehaltenen Bestimmungen über Staats- und militärische Verbrechen (Art. 58^{1}—59^{13}, 193^{1}—193^{31}) vervollständigt und in den folgenden Jahren durch zahlreiche Novellen abgeändert und ergänzt worden. Bei dem Erlaß dieser Novellen, die den Wandel der politischen und wirtschaftlichen Anschauungen und Verhältnisse in der Sowjetunion deutlich widerspiegeln, übernahm mit der Zeit die Union immer mehr die Führung. Den einzelnen Unionsrepubliken blieb in der Regel nur noch die Aufgabe, entsprechende Vorschriften der Unionsgesetzgebung in ihre Strafgesetzbücher aufzunehmen. Außerdem ergingen in zunehmendem Maße einzelne Strafgesetze der Union, die, auch soweit sie das geltende Recht abänderten, nicht mehr den Strafgesetzbüchern der Unionsrepubliken inkorporiert wurden, sondern unmittelbare Geltung für das gesamte Unionsgebiet beanspruchten. Etwa seit den Jahren 1939/40 bildet diese Form der Strafgesetzgebung der Union die Regel.

---

[1]) Deutsche Übersetzung bei Freund, Strafgesetzbuch, Gerichtsverfassungsgesetz und Strafprozeßordnung Sowjetrußlands, Berlin 1925, S. 419 ff.

Seit Verkündung der neuen Verfassung der UdSSR von 1936 ist das Fortbestehen selbständiger Strafgesetzbücher der einzelnen Unionsrepubliken überhaupt nur noch eine Frage der Zeit: Art. 14 Punkt „u“ führt den Erlaß eines Strafgesetzbuches unter den der Union als solcher vorbehaltenen Aufgaben auf. Die Vorarbeiten zu einem derartigen Allunions-Strafgesetzbuch, das an die Stelle der bisherigen Gesetzbücher der einzelnen Republiken zu treten bestimmt ist, sind seit längerem im Gange. Über den voraussichtlichen Zeitpunkt ihres Abschlusses ist nichts bekannt geworden.

II.

Durch die seit dem Inkrafttreten des StGB der RSFSR ergangenen Novellen und Sondergesetze hat der ursprüngliche Rechtszustand einen zum Teil tiefgreifenden Wandel erfahren. Hervorzuheben sind: die Wiedereinführung des Begriffs „Strafe“ anstelle des bisherigen Begriffs „Maßnahmen des sozialen Schutzes gerichtlich-bessernder Art“ (s. u. S. 5 Fußnote [1])[2]), die Beschränkung der Todesstrafe auf gewisse politische Delikte (s. u. S. 71), die Erhöhung des Höchstmaßes der Freiheitsstrafe von 10 auf 25 Jahre (s. Art. 28 mit Materialien), die Einführung der Gefängnisstrafe (s. Art. 20 Anm. mit Fußnote †), die Herabsetzung des Strafmündigkeitsalters für gewisse Deliktsarten (s. Art. 12 mit Materialien), die Erweiterung des Schutzes von Staatsgeheimnissen (s. u. S. 75), die Aufnahme von Vorschriften zum Schutze der Industrialisierung und der Kollektivierung der Landwirtschaft, die Neuregelung der Eigentumsdelikte, insbesondere die Verstärkung des Schutzes des staatlichen und öffentlichen Eigentums (s. u. S. 72 f.), die Erweiterung der Strafbarkeit der Abtreibung (Art. 140 ff.), die Einführung der Strafbarkeit der Homosexualität (Art. 154-a).

III.

Angesichts der wachsenden Bedeutung, die die unmittelbare, nicht mehr den Strafgesetzbüchern der Unionsrepubliken inkorporierte, Strafgesetzgebung der Union gewonnen hat, — man braucht nur an die Neuregelung des Eigentumsschutzes durch die beiden Dekrete vom 4. 6. 1947 (s. u. S. 72 f.) zu denken — konnte sich die vorliegende Übersetzung nicht mehr wie die 1931 in dieser Sammlung (Nr. 49) erschienene auf eine Wiedergabe des Textes des StGB der RSFSR beschränken. Sie bezieht deshalb die gesamten Anlagen mit ein, die die letzte amtliche Ausgabe des StGB der RSFSR[3]) dem Text des Gesetzbuches beifügt, und umfaßt dementsprechend:

1. das Strafgesetzbuch der RSFSR von 1926 in der am 1. 1. 1952 gültigen Fassung, nebst einem Nachtrag, der eine durch Dekret vom 31. 5. 1952 erfolgte Änderung des Art. 193^{7} Abs. b) des StGB enthält;
2. eine Anzahl von strafrechtlichen Einzelgesetzen der UdSSR (s. u. S. 71 ff.);

---

[2]) Im Text des StGB tritt diese Änderung nur bei den seit 1934 neugefaßten oder neueingeführten Artikeln in Erscheinung.

[3]) Herausgegeben vom Justizministerium der RSFSR, Moskau 1952, Staatsverlag für juristische Literatur (russisch).

3. „Materialien“ zu einzelnen Artikeln des StGB;

4. Fußnoten des amtlichen Herausgebers.[4])

Die *„Materialien“* stellen amtliche Erläuterungen zu den betreffenden Artikeln des StGB dar[5]). Sie enthalten neben Auszügen aus einschlägigen Sondergesetzen vor allem die Wiedergabe von Plenarentscheidungen des Obersten Gerichtshofs der UdSSR mit bindenden Auslegungsanweisungen an die unteren Gerichte. Die Lektüre dieser Entscheidungen erleichtert dem deutschen Leser das Verständnis der gesetzlichen Bestimmungen und vermittelt ihm zugleich einen lehrreichen Einblick in den Stil und den politisch-sozialen Hintergrund der sowjetischen Rechtspraxis.

Von den „Materialien“ als Beigaben der amtlichen Ausgabe sind die als *„Anmerkungen“* bezeichneten und in unmittelbarem Anschluß an einzelne Artikel des StGB abgedruckten Zusätze zu unterscheiden: sie bilden einen integrierenden Bestandteil des offiziellen Gesetzestextes.

Die zahlreichen Artikeln des StGB in *eckiger Klammer* beigefügten Angaben bezeichnen das Datum und die Fundstelle der gesetzlichen Vorschrift, die den Text des betreffenden Artikels gegenüber der ursprünglichen Fassung verändert hat. Sie sind der amtlichen Ausgabe entnommen und lassen das Ausmaß der Wandlungen erkennen, die das Strafgesetzbuch seit seinem Erlaß erfahren hat.

Die vorliegende Übersetzung hält sich auch sonst nach Inhalt und äußerer Textgestaltung streng an das Vorbild der amtlichen Ausgabe von 1952. Einzelgesetze, die in dieser für den praktischen Gebrauch bestimmten Ausgabe nicht oder nicht mehr aufgenommen sind, wurden nicht berücksichtigt. Eine Ausnahme ist lediglich für das nach dem Tode Stalins erlassene Amnestie-Dekret vom 27. 3. 1953 gemacht worden, das in einem Anhang beigefügt ist. Im übrigen beschränken sich die Beifügungen des Übersetzers auf gelegentliche erläuternde Zusätze, wo solche für das Verständnis des deutschen Lesers erforderlich erschienen. Soweit diese Zusätze dem übersetzten Text eingefügt sind, sind sie durch *spitze Klammern* kenntlich gemacht. Soweit sie als Fußnoten erscheinen, sind sie zum Unterschied von den bezifferten Fußnoten der amtlichen Ausgabe mit einem †) bezeichnet.

Die Übersetzung war um eine möglichst wortgetreue Wiedergabe des russischen Textes bemüht. Eine gewisse Schwerfälligkeit im Sprachlichen ließ sich dabei angesichts der Verschiedenheit der sowjetischen Gesetzestechnik von der deutschen nicht vermeiden. Sachlich stand die Übertragung vor der Schwierigkeit, für eine Terminologie, die weitgehend durch die besonderen politischen und wirtschaftlichen Verhältnisse des Sowjetsystems geprägt ist, einen passenden deutschen Ausdruck zu finden. Eines besonderen Hinweises bedarf in diesem Zusammenhang die Übersetzung des russischen Wortes „obschtschestwennyj“. Es ist durchweg durch „öffentlich“ wiedergegeben worden: „öffentliches Eigentum“, „öffentliches Vermögen“, „staatliche und öffentliche Behörden und Unternehmen“. Gemeint ist damit der Bereich, der weder der staatlichen noch

---

4) Sie sind durch arabische Ziffern bezeichnet.

5) Artikel, denen solche Materialien beigegeben sind, sind im Text des Gesetzbuches durch ein * gekennzeichnet.

privaten Sphäre angehörenden Kollektivgebilde: insbesondere der Genossenschaften und ländlichen Kollektivwirtschaften (Kolchosen). Die vielfach gebräuchliche Übersetzung mit „gesellschaftlich“ erschien Mißverständnissen noch eher ausgesetzt und auch aus sprachlichen Gründen nicht überall verwendbar.

Der Text der 1931 in dieser Sammlung veröffentlichten Übersetzung ist auch dort, wo er unverändert geblieben ist, erneut durchgesehen und verbessert worden.

Für die Übersetzung und die Erläuterungen in den Fußnoten wurden aus der Sowjetliteratur die folgenden Lehrbücher (in russischer Sprache) zu Rate gezogen: „Strafrecht. Allgemeiner Teil“ (4. Auflage 1948), „Sowjetstrafrecht. Besonderer Teil“ (1951), „Sowjetverwaltungsrecht“ (1950) und „Sowjetstaatsrecht“ (1948). Die drei ersten Werke sind von dem Allunions-Institut für juristische Wissenschaften beim Justizministerium der UdSSR, das letzte vom Rechtsinstitut der Akademie der Wissenschaften der UdSSR herausgegeben. Erscheinungsort: Moskau.

Gallas

Strafgesetzbuch der RSFSR von 1926[1)]

Angenommen auf der 2. Tagung des WZIK der XII. Wahlperiode und in Kraft gesetzt durch Verordnung des WZIK vom 22. November 1926 mit Wirkung vom 1. Januar 1927 (GS Nr. 80, S. 600)

Allgemeiner Teil

Erster Abschnitt

Ziele der Strafgesetzgebung der RSFSR

1. Die Strafgesetzgebung der RSFSR hat zur Aufgabe die Sicherung des sozialistischen Staates der Arbeiter und Bauern und der in seinem Bereich geltenden Rechtsordnung vor sozialgefährlichen Handlungen (Verbrechen) durch Anwendung der in diesem Gesetzbuch bezeichneten Maßnahmen des sozialen Schutzes auf die Täter.

Zweiter Abschnitt

Geltungsbereich des Strafgesetzbuchs

2. Die Geltung dieses Gesetzbuchs erstreckt sich auf alle Bürger der RSFSR, die sozialgefährliche Handlungen innerhalb der Grenzen der RSFSR, im Falle ihrer Festnahme auf dem Gebiet der RSFSR auch auf solche, die sozialgefährliche Handlungen außerhalb der Grenzen der Union der SSR begangen haben.

3. Bürger anderer Unionsrepubliken sind für die von ihnen sowohl auf dem Gebiet der RSFSR als auch außerhalb der Grenzen der Union der SSR begangenen Verbrechen nach den Gesetzen der RSFSR verantwortlich, wenn sie auf dem Gebiet der RSFSR festgenommen und vor Gericht gestellt oder einem Untersuchungsverfahren unterworfen worden sind.

Für die auf dem Gebiet der Union der SSR begangenen Verbrechen sind die Bürger der Unionsrepubliken nach den Gesetzen des Ortes der Begehung des Verbrechens verantwortlich.

4. Ausländer sind für die auf dem Gebiet der Union der SSR begangenen Verbrechen nach den Gesetzen des Ortes der Begehung des Verbrechens verantwortlich.

5. Die Frage nach der strafrechtlichen Verantwortlichkeit ausländischer Bürger, die das Recht der Exterritorialität genießen, ist in jedem Fall auf diplomatischem Wege zu entscheiden.

Dritter Abschnitt

Allgemeine Grundsätze der Kriminalpolitik der RSFSR

6. Als sozialgefährlich gilt jede Handlung oder Unterlassung, die sich gegen das Sowjetsystem richtet oder die Rechtsordnung verletzt, die vom Regime der Arbeiter und Bauern für die Zeit des Übergangs zur kommunistischen Gesellschaftsordnung errichtet ist.

---

1) Das Zeichen * vor der Nummer eines Artikels weist darauf hin, daß dem betreffenden Artikel Materialien beigegeben sind ⟨s. unten S. 82 ff.⟩.

Anmerkung. Nicht als Verbrechen erscheint eine Handlung, die zwar formal die Merkmale irgendeines Artikels des Besonderen Teils dieses Gesetzbuchs verwirklicht, jedoch wegen ihrer offensichtlichen Geringfügigkeit und mangels schädlicher Folgen des sozialgefährlichen Charakters entbehrt.

*7. Auf Personen, die sozialgefährliche Handlungen begangen haben oder durch ihre Verbindung mit dem Verbrechermilieu oder durch ihre frühere Tätigkeit eine Gefahr bedeuten, werden Maßnahmen des sozialen Schutzes gerichtlich-bessernder, medizinischer oder medizinisch-pädagogischer Art angewandt.

8. Falls eine konkrete Tat, die im Zeitpunkt ihrer Begehung im Sinn des Art. 6 dieses Gesetzbuchs ein Verbrechen darstellt, im Zeitpunkt der Verfolgung oder der gerichtlichen Untersuchung ihren sozialgefährlichen Charakter infolge einer Änderung des Strafgesetzes oder der sozialpolitischen Lage verloren hat, oder falls der Täter nach Ansicht des Gerichts im gegebenen Zeitpunkt nicht mehr als sozialgefährlich angesehen werden kann, so zieht diese Tat der Anwendung von Maßnahmen des sozialen Schutzes gegen den Täter nicht nach sich.

9. Maßnahmen des sozialen Schutzes werden angewandt zum Zwecke

a) der Vorbeugung gegen die Begehung neuer Verbrechen durch Personen, die solche begangen haben;

b) der Einwirkung auf andere unlautere Glieder der Gesellschaft und

c) der Anpassung der Personen, die verbrecherische Taten begangen haben, an die Bedingungen des Gemeinschaftslebens im Staate der Werktätigen.

Maßnahmen des sozialen Schutzes dürfen die Zufügung physischer Leiden oder die Verletzung der Menschenwürde nicht zum Ziele haben; sie machen sich Vergeltung und Strafe nicht zur Aufgabe.

10. Auf Personen, die sozialgefährliche Handlungen begangen haben, werden Maßnahmen des sozialen Schutzes gerichtlich-bessernder Art nur dann angewandt, wenn diese Personen:

a) vorsätzlich gehandelt haben, d. h. den sozialgefährlichen Charakter der Folgen ihrer Tat vorausgesehen, diese Folgen gewollt oder doch deren Eintritt bewußt zugelassen haben, oder

b) fahrlässig gehandelt haben, d. h. die Folgen ihrer Handlungen nicht vorausgesehen haben, obwohl sie sie hätten voraussehen müssen, oder leichtfertig gehofft haben, solche Folgen abwenden zu können.

11. Maßnahmen des sozialen Schutzes gerichtlich-bessernder Art dürfen auf Personen nicht angewandt werden, die ein Verbrechen im Zustande chronischer Geisteskrankheit oder zeitweiliger Geistesstörung oder in einem anderen krankhaften Zustand begangen haben und demzufolge sich von ihren Handlungen nicht haben Rechenschaft geben können oder nicht imstande waren, ihre Handlungen zu lenken, sowie auf solche Personen, die zwar im Zustand geistigen Gleichgewichts gehandelt haben, jedoch im Augenblick der Urteilsfällung an einer Geisteskrankheit leiden.

Auf diese Personen dürfen lediglich Maßnahmen des sozialen Schutzes medizinischer Art angewandt werden.

Anmerkung. Die Geltung dieses Artikels erstreckt sich nicht auf Personen, die ein Verbrechen im Zustande der Trunkenheit begangen haben.

*12.†) Minderjährige, die das zwölfte Lebensjahr vollendet haben und des Diebstahls, der Gewalttätigkeit, der Körperverletzung, der Verstümmelung, der Tötung oder des Tötungsversuchs überführt sind, werden strafgerichtlich zur Verantwortung gezogen, wobei die Verhängung sämtlicher Arten von Strafen zulässig ist. [25. November 1935 (GS 1936 Nr. 1, Art. 1)].

13. Maßnahmen des sozialen Schutzes werden überhaupt nicht angewandt auf Personen, die Handlungen begangen haben, die in den Strafgesetzen vorgesehen sind, wenn das Gericht feststellt, daß sie diese Handlungen im Zustande der Notwehr gegen Angriffe auf das Sowjetregime, ihre eigene Person oder Rechte oder auf die Person oder Rechte eines Dritten begangen und hierbei die Grenzen der Notwehr nicht überschritten haben.

Maßnahmen des sozialen Schutzes werden nicht angewandt, wenn die gleichen Handlungen zur Abwendung einer Gefahr begangen worden sind, die unter den gegebenen Umständen mit anderen Mitteln nicht abzuwenden war, und der hierbei verursachte Schaden im Vergleich zu dem abgewendeten Schaden als der weniger erhebliche erscheint. [6. Juni 1927 (GS Nr. 49, Art. 330)].

*14. Eine Strafverfolgung ist ausgeschlossen:

a) wenn seit dem Zeitpunkt der Begehung eines Verbrechens, für das das Gericht auf Freiheitsentziehung von mehr als fünf Jahren erkennen kann, zehn Jahre vergangen sind;

b) wenn seit dem Zeitpunkt der Begehung eines Verbrechens, für das das Gericht auf Freiheitsentziehung bis zu fünf Jahren erkennen kann, fünf Jahre vergangen sind;

c) wenn seit dem Zeitpunkt der Begehung eines Verbrechens, für das das Gericht auf Freiheitsentziehung bis zu einem Jahr erkennen kann oder im Gesetz eine mildere Maßnahme des sozialen Schutzes als Freiheitsentziehung vorgesehen ist, drei Jahre vergangen sind.

Die Verjährung wird angewandt, wenn während des Laufs der vorgesehenen Frist keinerlei Verfahren in der betreffenden Sache stattgefunden hat. Der Lauf der Verjährungsfrist wird unterbrochen, wenn der Täter während des Fristablaufs ein weiteres gleichartiges oder nicht minder schweres Verbrechen begeht oder sich der Untersuchung oder gerichtlichen Aburteilung entzieht; der Lauf der Verjährungsfristen beginnt in diesen Fällen wieder mit dem Tage der Begehung des zweiten Verbrechens oder mit dem Tage der Wiederaufnahme des ausgesetzten Verfahrens. [6. Juni 1927 (GS Nr. 49, Art. 330)].

---

†) Die ursprüngliche Fassung des Art. 12 lautete:

Maßnahmen des sozialen Schutzes gerichtlich-bessernder Art finden auf Jugendliche im Alter bis zu 14 Jahren keine Anwendung; auf diese können lediglich Maßnahmen des sozialen Schutzes medizinisch-pädagogischer Art angewandt werden.

Auf Minderjährige im Alter von 14 bis zu 16 Jahren dürfen Maßnahmen des sozialen Schutzes gerichtlich-bessernder Art nur dann angewandt werden, wenn der Ausschuß für die Angelegenheiten Minderjähriger die Unmöglichkeit feststellt, Maßnahmen des sozialen Schutzes medizinisch-pädagogischer Art auf sie anzuwenden.

An ihre Stelle setzte die Nov. v. 30. 10. 1929 (GS 1929 Nr. 82, Art. 796) die folgende Fassung:

Maßnahmen des sozialen Schutzes gerichtlich-bessernder Art finden auf Minderjährige im Alter bis zu 16 Jahren keine Anwendung; auf diese dürfen lediglich Maßnahmen des sozialen Schutzes medizinisch-pädagogischer Art — und zwar von besonderen Ausschüssen für die Angelegenheiten Minderjähriger — angewandt werden.

Vgl. zum gegenwärtigen Rechtszustand auch die Materialien zu Art. 12, unten S. 83.

Anmerkung 1. In den Fällen, in denen der Täter wegen eines gegenrevolutionären Verbrechens zur strafrechtlichen Verantwortung gezogen wird, unterliegt die Anwendung der Verjährung in jedem Einzelfall dem Ermessen des Gerichts. Es tritt jedoch, falls das Gericht die Anwendung der Verjährung nicht für möglich erachtet, notwendig an die Stelle der Erschießung die Erklärung zum Feind der Werktätigen, verbunden mit der Aberkennung der Staatsangehörigkeit der Unionsrepublik und damit der der Union der SSR sowie der dauernden Verweisung aus dem Gebiet der Union der SSR, oder Freiheitsentziehung nicht unter zwei Jahren. [6. Juni 1927 (GS Nr. 49, Art. 330)].

Anmerkung 2. In bezug auf Personen, die strafrechtlich verantwortlich gemacht werden für aktive Handlungen und aktiven Kampf gegen die Arbeiterklasse und die revolutionäre Bewegung, ausgeführt auf verantwortlichem oder geheimem Posten während des zaristischen Regimes oder bei gegenrevolutionären Regierungen während des Bürgerkriegs, unterliegt sowohl die Anwendung der Verjährung als auch die Frage der Umwandlung der Erschießung dem Ermessen des Gerichts. [6. Juni 1927 (GS Nr. 49, Art. 330)].

Anmerkung 3. Die in diesem Artikel festgesetzten Verjährungsfristen gelten nicht für Handlungen, die gemäß diesem Gesetzbuch im Verwaltungsverfahren verfolgt werden; die Ahndung dieser Handlungen kann nur innerhalb eines Monats seit dem Tage ihrer Begehung erfolgen. [6. Juni 1927 (GS Nr. 49, Art. 330)].

15. Ein verurteilendes Erkenntnis wird nicht mehr vollstreckt, wenn es nicht innerhalb von zehn Jahren seit dem Tage des Ausspruchs vollstreckt worden ist.

16. Wenn die eine oder die andere sozialgefährliche Handlung in diesem Gesetzbuch nicht ausdrücklich vorgesehen ist, so bestimmen sich Grund und Umfang der Verantwortlichkeit dafür nach den Artikeln dieses Gesetzbuchs, die ihrer Art nach am meisten ähnliche Verbrechen vorsehen.

17. Maßnahmen des sozialen Schutzes gerichtlich-bessernder Art werden ebenso wie auf Personen, die das Verbrechen ausgeführt haben — die Täter —, auch auf Personen angewandt, die daran teilgenommen haben — Anstifter und Gehilfen.

Als Anstifter gelten Personen, die ⟨den Täter⟩ zur Begehung des Verbrechens bestimmt haben.

Als Gehilfen gelten Personen, die zur Ausführung des Verbrechens durch Ratschläge, Hinweise, Zur-Verfügung-Stellen von Mitteln, Beseitigen von Hindernissen oder die zum Verbergen des Täters oder der Spuren des Verbrechens beitragen.

***18.** Die Maßnahmen des sozialen Schutzes gerichtlich-bessernder Art bemessen sich für jeden Teilnehmer sowohl nach dem Umfang seiner Teilnahme an dem betreffenden Verbrechen als auch nach dem Grad der Gefährlichkeit dieses Verbrechens und der Person des Teilnehmers.

Die Nichtanzeige eines begangenen oder in Vorbereitung befindlichen Verbrechens zieht die Anwendung von Maßnahmen des sozialen Schutzes gerichtlich-bessernder Art nur in den Fällen nach sich, in denen es dieses Gesetzbuch ausdrücklich vorsieht.

***19.** Der Versuch eines Verbrechens, aber auch die das Verbrechen vorbereitenden Handlungen, die im Aufsuchen oder Herrichten der Werkzeuge oder Mittel und im Schaffen der Vorbedingungen für die Ausführung des Verbrechens bestehen, werden ebenso verfolgt wie das vollendete Verbrechen. Hierbei hat das Gericht bei Bestimmung der Maßnahmen des sozialen Schutzes gerichtlich-bessernder Art den Grad der Gefährlichkeit der Person, die das Verbrechen versucht oder vorbereitet hat, das Stadium der Vorbereitung des Verbrechens, die Nähe des Erfolgseintritts sowie die Ursachen zu berücksichtigen, aus denen das Verbrechen nicht zu Ende geführt worden ist.

In den Fällen, in denen das Verbrechen infolge eines freiwilligen Rücktritts der Person, die es zu vollenden beabsichtigte, nicht vollendet worden ist, bestimmt das Gericht eine angemessene Maßnahme des sozialen Schutzes für diejenigen Handlungen, die von dem Urheber des Versuchs oder der Vorbereitung tatsächlich begangen worden sind.

Vierter Abschnitt

Maßnahmen des sozialen Schutzes[1]), die gemäß den Bestimmungen des Strafgesetzbuchs auf Personen angewandt werden, die ein Verbrechen begangen haben

***20.** Maßnahmen des sozialen Schutzes gerichtlich-bessernder Art sind:

a) Erklärung zum Feind der Werktätigen, verbunden mit Aberkennung der Staatsangehörigkeit der Unionsrepublik und damit der Staatsangehörigkeit der Union der SSR und obligatorischer Verweisung aus deren Gebiet;

b) Freiheitsentziehung, die in Besserungsarbeitslagern in entlegenen Gegenden der Union der SSR verbüßt wird;

c) Freiheitsentziehung, die in den allgemeinen Internierungsanstalten verbüßt wird;

d) Besserungsarbeit ohne Freiheitsentziehung[2]);

e) Aberkennung der politischen und einzelner bürgerlicher Rechte;

f) Entfernung aus dem Gebiet der Union der SSR auf Zeit;

g) Entfernung aus dem Gebiet der RSFSR oder Entfernung aus einem bestimmten Ort, verbunden mit Zwangsansiedlung an einem anderen Ort, oder ohne solche†), oder verbunden mit dem Verbot, sich an bestimmten Orten aufzuhalten, oder ohne ein solches Verbot;

h) Amtsenthebung, verbunden mit dem Verbot, ein bestimmtes Amt zu bekleiden, oder ohne ein solches Verbot;

i) Verbot, eine bestimmte Tätigkeit oder ein bestimmtes Gewerbe auszuüben;

k) öffentlicher Tadel;

l) völlige oder teilweise Vermögenskonfiskation;

m) Geldstrafe;

---

[1]) In den Verordnungen des ZIK und SNK der UdSSR wird, beginnend mit der Verordnung vom 8. Juni 1934 betr. die Ergänzung der Bestimmungen über die Staatsverbrechen durch Artikel über den Vaterlandsverrat (GS UdSSR Nr. 33, Art. 255), anstelle des Ausdrucks „Maßnahme des sozialen Schutzes gerichtlich-bessernder Art" der Ausdruck „Strafe" verwandt.

[2]) Im Einklang damit, daß das Besserungsarbeitsgesetzbuch der RSFSR, bestätigt durch das WZIK und den SNK der RSFSR am 1. August 1933 (GS Nr. 48, Art. 208), den Ausdruck „Zwangsarbeit" durch den Ausdruck „Besserungsarbeit" ersetzt hat und daß in der Mehrzahl der nachfolgenden Gesetzgebungsakte, insbesondere in den Novellen zum Strafgesetzbuch, die gleiche Änderung vorgenommen worden ist (GS 1934 Nr. 9, Art. 51, Nr. 27, Art. 157, Nr. 42, Art. 259 u. a.), ist sie hier für den gesamten Text des Gesetzbuchs durchgeführt worden.

†) Entfernung, verbunden mit Zwangsansiedlung, wird an anderer Stelle auch als Verschickung (ssylka), Entfernung ohne Zwangsansiedlung auch als Ausweisung (wysylka) bezeichnet.

n) Auferlegung der Verpflichtung, den angerichteten Schaden wieder gutzumachen;

o) Verwarnung. [20. Mai 1930 (GS Nr. 26, Art. 344)].

Anmerkung. Der Oberste Gerichtshof der Union der SSR, der Oberste Gerichtshof der RSFSR, die Gau- und Gebietsgerichte, die Eisenbahn- und Wasserstraßenverkehrsgerichte[1]) sowie die Militärtribunale haben das Recht, gegen Personen, die wegen besonders gefährlicher Verbrechen verurteilt sind, Freiheitsentziehung in der Form der Einschließung in ein Gefängnis zu verhängen†). [20. September 1936 (GS Nr. 20, Art. 131)].

21. Im Kampf gegen Verbrechen schwerster Art, die die Grundlagen des Sowjetregimes und der Sowjetverfassung bedrohen, wird bis zu einer anderweitigen Regelung durch das Zentralexekutivkomitee[2]) der Union der SSR in den in diesem Gesetzbuch ausdrücklich vorgesehenen Fällen als außerordentliche Maßnahme zum Schutze des Staates der Werktätigen Erschießung angewandt[3]).

22. Personen, die im Zeitpunkt der Begehung des Verbrechens das achtzehnte Lebensjahr noch nicht erreicht haben, und Frauen, die sich im Zustand der Schwangerschaft befinden, dürfen nicht zur Erschießung verurteilt werden.

23. Die Erklärung zum Feind der Werktätigen mit den daraus entspringenden Folgen, Freiheitsentziehung und Besserungsarbeit ohne Freiheitsentziehung gelten als die Hauptmaßnahmen des sozialen Schutzes gerichtlich-bessernder Art, die auf Personen angewandt werden, die ein Verbrechen begangen haben.

Die übrigen in Art. 20 aufgeführten Maßnahmen des sozialen Schutzes, mit Ausnahme der Verwarnung und der Vermögenskonfiskation, können sowohl als selbständige Maßnahmen des sozialen Schutzes als auch als Ergänzung zu den Hauptmaßnahmen angeordnet werden. Die Vermögenskonfiskation darf das Gericht als ergänzende Maßnahme des sozialen Schutzes nur dann anordnen, wenn dieses Gesetzbuch es ausdrücklich vorsieht. [20. Mai 1930 (GS Nr. 26, Art. 344)].

24. Maßnahmen des sozialen Schutzes medizinischer Art sind:

a) Zwangsheilung;

b) Unterbringung in einer Heilanstalt, verbunden mit Isolierung.

25. Maßnahmen des sozialen Schutzes medizinisch-pädagogischer Art sind:

a) Überweisung des Minderjährigen unter die Obhut der Eltern, Adoptiveltern, Vormünder, Pfleger oder Verwandten, sofern diese in der

---

[1]) Nach dem Gesetz über die Gerichtsverfassung der UdSSR, der Unions- und autonomen Republiken tragen die Eisenbahn- und Wasserstraßenverkehrsgerichte die Bezeichnung Liniengerichte des Eisenbahn- und Wasserstraßenverkehrs.

†) Gefängnis (tjurma), das hier als dritte Form der Freiheitsentziehung erscheint — es tritt neben Freiheitsentziehung, die in Besserungsarbeitslagern in entlegenen Gegenden der UdSSR (Art. 20 „b"), und Freiheitsentziehung, die in den allgemeinen Internierungsanstalten (in der Hauptsache vom Typus „Arbeitskolonie") verbüßt wird (Art. 20 „c") — wird in der neueren Unionsgesetzgebung auch für leichtere Delikte und kurzfristig angedroht. Vgl. Fußnote †) zu Art. 28.

[2]) Gemäß Art. 32 der Verfassung der UdSSR obliegt der Erlaß von Gesetzen dem Obersten Sowjet der UdSSR.

[3]) Vgl. das Dekret des Präsidiums des Obersten Sowjets der UdSSR vom 26. Mai 1947 „Über die Abschaffung der Todesstrafe" (unten S. 71) und das Dekret des Präsidiums des Obersten Sowjets der UdSSR vom 12. Januar 1950 „Über die Anwendung der Todesstrafe auf Vaterlandsverräter, Spione und Saboteure" (unten S. 71).

Lage sind, ihn zu unterhalten, oder unter die Obhut anderer Personen oder Behörden;

b) Unterbringung in einer besonderen heilpädagogischen Anstalt. [20. Dezember 1927 (GS 1928 Nr. 4, Art. 38)].

26. Maßnahmen des sozialen Schutzes medizinisch-pädagogischer und medizinischer Art kann das Gericht auch dann anwenden, wenn es die Überzeugung gewinnt, daß die Anwendung von Maßnahmen des sozialen Schutzes gerichtlich-bessernder Art dem gegebenen Fall nicht entsprechen würde. Maßnahmen des sozialen Schutzes medizinisch-pädagogischer und medizinischer Art können ferner auch als Ergänzung zu Maßnahmen des sozialen Schutzes gerichtlich-bessernder Art angewandt werden, soweit sie nicht bereits vor der Gerichtsverhandlung von hierfür zuständigen Organen angeordnet worden sind.

*27. Die Erklärung zum Feind der Werktätigen und die Verweisung aus dem Gebiet der Union der SSR, verbunden mit Aberkennung der Staatsangehörigkeit der Unionsrepublik und damit der Staatsangehörigkeit der Union der SSR darf nur fristlos angeordnet werden. [6. Juni 1927 (GS Nr. 49, Art. 330)].

*28. Freiheitsentziehung wird auf die Dauer von einem Jahr†) bis zu zehn Jahren[1]), in Fällen von Spionage, Schädlingsarbeit und Sabotageakten (Art. 58^{1a}, 58^{6}, 58^{7} und 58^{9} dieses Gesetzbuchs) auch auf längere Dauer, jedoch nicht über 25 Jahre hinaus, verhängt.

Freiheitsentziehung bis zu drei Jahren wird in den allgemeinen Internierungsanstalten verbüßt. Freiheitsentziehung von drei und mehr als drei Jahren wird in den Besserungsarbeitslagern verbüßt.

Ausnahmsweise kann das Gericht, wenn es der Überzeugung ist, daß der zu Freiheitsentziehung von drei und mehr als drei Jahren Verurteilte zur Leistung körperlicher Arbeit offensichtlich untauglich ist oder nach dem Grad seiner sozialen Gefährlichkeit der Überweisung in ein Besserungsarbeitslager nicht bedarf, an Stelle der Überweisung in ein Lager die Überweisung in eine allgemeine Internierungsanstalt anordnen. Im Urteil ist hierüber ausdrücklich zu befinden. [20. Mai 1930 (GS Nr. 26, Art. 344); 20. Mai 1938 (GS Nr. 11, Art. 141)].

A n m e r k u n g 1. A u f g e h o b e n. [5. Juli 1934 (GS Nr. 30, Art. 174)].

A n m e r k u n g 2. Die Vollstreckung eines Urteils, durch das eine Militärperson während des Krieges zu Freiheitsentziehung ohne Aberkennung der Rechte verurteilt wird, kann durch Beschluß des Gerichts, das es gefällt hat, bis zur Beendigung der Feindseligkeiten ausgesetzt werden. Der Verurteilte wird in diesem Fall der aktiven Armee überwiesen.

Haben sich die im ersten Absatz dieser Anmerkung bezeichneten Militärpersonen während ihrer Zugehörigkeit zur aktiven Armee als

†) So seit der Nov. v. 20. 5. 1930 (GS 1930 Nr. 26, Art. 344). Die ursprüngliche Fassung hatte für Freiheitsentziehung eine Mindestdauer von einem Tag vorgesehen. Soweit die Bestimmungen des Besonderen Teils, der der Neuregelung nicht ausdrücklich angepaßt worden ist, Freiheitsentziehung unter einem Jahr androhen, ist grundsätzlich Besserungsarbeit ohne Freiheitsentziehung (Art. 30) zu verhängen. Vgl. jedoch Materialien zu Art. 30 § 4 (unten S. 87) sowie die neuere Unionsgesetzgebung, die gelegentlich wieder Freiheitsentziehung unter einem Jahr androht (z. B. Dekr. d. Präs. d. ObSowj. d. UdSSR v. 2. 5. 1943 Art. 4 — unten S. 81) und insoweit der Regelung des Art. 28 vorgeht.

[1]) Vgl. ⟨aber⟩ die Dekrete des Präsidiums des Obersten Sowjets der UdSSR vom 4. Juni 1947 (unten S. 72, 73) und vom 9. Juni 1947 (unten S. 75).

standhafte Verteidiger der Union der SSR erwiesen, so kann auf ein Gesuch der zuständigen vorgesetzten militärischen Dienststelle das Gericht, das das Urteil gefällt hat, ihre Befreiung von der vorher verhängten Maßnahme des sozialen Schutzes oder deren Ersetzung durch eine mildere Maßnahme des sozialen Schutzes beschließen. [1. Oktober 1928 (GS Nr. 127, Art. 816); 30. November 1930 (GS Nr. 61, Art. 749); 5. Juli 1934 (GS Nr. 30, Art. 174)].

29. Die Zeit der Untersuchungshaft sowie die vom Zeitpunkt der Urteilsfällung bis zum Rechtskräftigwerden des Urteils in Haft zugebrachte Zeit müssen auf die Dauer der vom Gericht verhängten Freiheitsentziehung angerechnet werden.

Wenn das Gericht andere Maßnahmen des sozialen Schutzes gerichtlichbessernder Art als Freiheitsentziehung festsetzt, so kann es mit Rücksicht auf die der Gerichtsverhandlung vorausgegangene Untersuchungshaft die von ihm gewählte Maßnahme des sozialen Schutzes entsprechend mildern oder bestimmen, daß von einem Vollzug der im Urteil festgesetzten Maßnahme des sozialen Schutzes ganz abzusehen ist.

Bei Verurteilung zu Besserungsarbeit erfolgt die Anrechnung in der Weise, daß drei Tage Besserungsarbeit einem Tage Freiheitsentziehung gleichgestellt werden.

***30.** Besserungsarbeit ohne Freiheitsentziehung wird auf die Dauer von einem Tag bis zu einem Jahr verhängt.

Die Zeit, während der Besserungsarbeit, auch solche an der Arbeitsstelle des Verurteilten, abgeleistet wird, wird auf das allgemeine Dienstalter, das Qualifikationsdienstalter sowie das Dienstalter, das nach der Gesetzgebung der Union der SSR und der RSFSR einen Anspruch auf Gewährung von Pension und anderer Vergünstigungen und Vorteile (Zulage zum Arbeitsentgelt für ausgediente Jahre, zusätzlicher Urlaub u. dgl.) gibt, nicht angerechnet.

Die Zahlung von Zulagen zum Arbeitsentgelt für ausgediente Jahre wird für die Zeit, während der Besserungsarbeit abgeleistet wird, eingestellt. [20. August 1935 (GS Nr. 20, Art. 192)].

Anmerkung. Gegen Militärpersonen, die dem mittleren, höheren und höchsten sowie dem länger dienenden niederen Führungspersonal†) der Kader der Roten Armee der Arbeiter und Bauern angehören, sowie gegen Militärpersonen, die den Mannschaften und dem niederen Führungspersonal mit normaler Dienstzeit der Kader der Roten Armee der Arbeiter und Bauern angehören, wird Besserungsarbeit ohne Freiheitsentziehung nicht verhängt. Anstelle von Besserungsarbeit wird gegen die bezeichneten Militärpersonen Arrest bis zu zwei Monaten verhängt, der nach den für die Verbüßung von Disziplinararrest der Militärpersonen erlassenen Bestimmungen verbüßt wird. [30. November 1930 (GS Nr. 61, Art. 749)].

31. Die Aberkennung der politischen und einzelner bürgerlicher Rechte besteht in der Entziehung:

a) des aktiven und passiven Wahlrechts;

b) des Rechtes, Wahlämter in öffentlichen Organisationen zu bekleiden;

c) des Rechtes, bestimmte staatliche Ämter zu bekleiden;

---

†) S. Fußnote †) zu Art. 193^7.

d) des Rechts, Ehrentitel zu führen;

e) der Elternrechte;

f) des Rechts auf Pensionen, die im Wege der Sozialversicherung oder staatlicher Fürsorge gewährt werden, und auf Arbeitslosenunterstützung, die im Wege der Sozialversicherung gewährt wird[1]).

Die Aberkennung der Rechte kann sich sowohl auf die Gesamtheit der im vorstehenden aufgezählten Rechte als auch nur auf einzelne Kategorien erstrecken.

Auf Entziehung der Elternrechte darf das Gericht nur dann erkennen, wenn der Verurteilte sie nachweislich mißbraucht hat.

Auf Entziehung des Rechts auf Pension darf das Gericht nur dann erkennen, wenn es a) wegen eines Staatsverbrechens (Kapitel I des Besonderen Teils) verurteilt; b) wegen eines Verbrechens aus Gewinnsucht zu Freiheitsentziehung oder zur Ausweisung, verbunden mit Zwangsansiedlung an einem anderen Ort (als Hauptmaßnahme des sozialen Schutzes) verurteilt; c) völlige Vermögenskonfiskation als ergänzende Maßnahme des sozialen Schutzes verhängt; d) im Frieden wegen eines der in den Art. 193^{3}, 193^{4}, 193^{7}, 193^{9}, 193^{12}, 193^{13}, 193^{17} und 193^{20}—193^{28} dieses Gesetzbuchs vorgesehenen militärischen Verbrechen, im Krieg wegen irgendeines der im IX. Kapitel des Strafgesetzbuchs (über die militärischen Verbrechen) vorgesehenen Verbrechen verurteilt. [30. Juni 1930 (GS Nr. 30, Art. 388), 20. November 1930 (GS Nr. 62, Art. 763)].

32. Die Aberkennung der Rechte darf nicht für eine längere Zeit als fünf Jahre ausgesprochen werden.

In den Fällen, in denen die Aberkennung der Rechte als Ergänzungsmaßnahme zur Freiheitsentziehung angeordnet wird, erstreckt sie sich auf die ganze Zeit der Haftverbüßung und darüber hinaus auf die im Urteil festgesetzte Frist.

33. Die Aberkennung der in Art. 31 Abs. 1 „a"—„c" bezeichneten Rechte hat die Entziehung aller Orden der Union der SSR und der Orden der RSFSR zur Folge. In diesen Fällen hat das Gericht, sobald das Urteil rechtskräftig geworden ist, ein entsprechendes Ersuchen an das Präsidium des ZIK der Union der SSR bzw. des WZIK[2]) zu richten.

Die Entziehung der übrigen Auszeichnungen und eines Ehrentitels erfolgt durch Gerichtsurteil. [20. August 1930 (GS Nr. 42, Art. 504)].

34. Die Aberkennung der Rechte kann sowohl als ergänzende als auch als selbständige Maßnahme des sozialen Schutzes ausgesprochen werden.

Das Gericht hat die Frage der Aberkennung der Rechte des Verurteilten aufzuwerfen, wenn es ihn zu Freiheitsentziehung von mehr als einem Jahr verurteilt.

Mit einer bedingten Verurteilung oder öffentlichem Tadel kann die Aberkennung der Rechte nicht verbunden werden. [6. Dezember 1929 (GS Nr. 87—88, Art. 854)].

35. Entfernung aus dem Gebiet der RSFSR oder Entfernung aus einem bestimmten Ort, verbunden mit Zwangsansiedlung an einem anderen Ort oder mit dem Verbot, sich an bestimmten Orten aufzuhalten, oder ohne derartige Beschränkungen, in Verbindung mit Besserungsarbeit, oder ohne

---

[1]) Infolge der Beseitigung der Arbeitslosigkeit hat Punkt „f" insoweit seine Geltung verloren.

[2]) Die Fragen der Ordensverleihung gehören ⟨jetzt⟩ zur Zuständigkeit des Präsidiums des Obersten Sowjets der UdSSR.

solche, kann das Gericht bezüglich solcher Verurteilter anordnen, deren Verbleib an dem betreffenden Ort es als sozialgefährlich erachtet.

Entfernung aus dem Gebiet der RSFSR oder Entfernung aus einem bestimmten Ort, verbunden mit Zwangsansiedlung an einem anderen Ort, wird auf die Dauer von drei bis zu zehn Jahren angeordnet; als ergänzende Maßnahme nur auf die Dauer bis zu fünf Jahren. Entfernung aus dem Gebiete der RSFSR oder Entfernung aus einem bestimmten Ort, verbunden mit Zwangsansiedlung an einem anderen Ort, darf in Verbindung mit Besserungsarbeit nur als Hauptmaßnahme des sozialen Schutzes angeordnet werden. Entfernung aus dem Gebiet der RSFSR oder Entfernung aus einem bestimmten Ort, verbunden mit dem Verbot, sich an bestimmten Orten aufzuhalten, oder ohne diese Beschränkung wird auf die Dauer von einem bis zu fünf Jahren angeordnet.

Verhängt das Gericht eine dieser Maßnahmen als ergänzende Maßnahme zu Freiheitsentziehung, so beginnt die vom Gericht für diese ergänzende Maßnahme bestimmte Frist mit dem Tage, an dem die Einschließung verbüßt ist.

Diejenigen unter den zu Entfernung aus einem bestimmten Ort, verbunden mit Zwangsansiedlung an einem anderen Ort, Verurteilten, die Freiheitsentziehung in Besserungsarbeitslagern verbüßen, werden nach Verbüßung der Freiheitsentziehung im Bezirk des Lagers für die Dauer der Frist angesiedelt, während der ihnen das Recht zur freien Auswahl des Wohnorts entzogen ist. Es muß ihnen Land oder bezahlte Arbeit zugewiesen werden.

Entfernung aus dem Gebiet der RSFSR sowie Entfernung aus einem bestimmten Ort in allen ihren Formen darf gegenüber Personen, die das sechzehnte Lebensjahr noch nicht erreicht haben, nicht angeordnet werden. [20. Mai 1930 (GS Nr. 26, Art. 344)].

36. Entfernung aus dem Gebiet der Union der SSR und aus dem der RSFSR auf Zeit ist nur im Rahmen der von der Unionsgesetzgebung hierfür erlassenen besonderen Bestimmungen zulässig.

Entfernung aus einem bestimmten Ort, verbunden mit Zwangsansiedlung an einem anderen Ort, darf das Gericht nur im Falle der Verurteilung wegen eines der in den Art. 58^{2}—58^{14}, 59^{2} Abs. 1 „a", 59^{3}, 59^{3a}, 59^{3b}, 59^{7}, 59^{8} Abs. 1, 59^{9}, 59^{10}, 59^{12}, 61 Abs. 3, 73^{1}, 74 Abs. 2, 104, 107, 116 Abs. 2, 117 Abs. 2, 118, 129, 129-a, 136, 140 Abs. 2, 142 Abs. 2, 153 Abs. 2, 155, 162 „b", „c", „d" und „e", 164 Abs. 2, 165 Abs. 3, 166, 167, 169 Abs. 2, 173 und 175 Abs. 2 und 3 vorgesehenen Verbrechen anordnen.

Die Orte, die für die Zwangsansiedlung bestimmt werden können, werden festgesetzt: für Personen, die zur Verschickung ohne Besserungsarbeit verurteilt sind — von der Hauptverwaltung Miliz und Kriminaldienst beim SNK der RSFSR im Einvernehmen mit dem Volkskomissariat für Justiz der RSFSR, für Personen, die zur Verschickung mit Besserungsarbeit verurteilt sind — vom Volkskommissariat für Justiz der RSFSR[1]). [15. Februar 1931 (GS Nr. 9, Art. 102); 30. Mai 1931 (GS Nr. 27, Art. 247)].

37. Auf Amtsenthebung wird erkannt, wenn das Gericht es für unmöglich erachtet, den Verurteilten in dem Amt zu belassen, das er im Augenblick der Verurteilung oder der Begehung des Verbrechens bekleidet hat.

1) Zur Zeit werden die Orte für die Zwangsansiedlung der zur Verschickung Verurteilten durch das MWD der UdSSR festgesetzt.

Die Amtsenthebung kann — für die Dauer von höchstens fünf Jahren — mit dem Verbot, ein bestimmtes Amt auszuüben, verbunden werden.

38. Das Verbot, eine bestimmte Tätigkeit oder ein bestimmtes Gewerbe auszuüben, wird von dem Gericht — für die Dauer von höchstens fünf Jahren — dann ausgesprochen, wenn das Gericht angesichts des von ihm festgestellten Mißbrauchs, den der Verurteilte mit der Ausübung seines Berufs oder Gewerbes getrieben hat, es für unmöglich erachtet, dem Verurteilten eine weitere Ausübung zu gestatten.

Im einzelnen kann das Gericht dem Verurteilten verbieten, Aufträge oder Lieferungen für den Staat zu übernehmen, Geschäfte mit staatlichen oder öffentlichen Unternehmen oder Behörden abzuschließen, im eigenen Namen oder im Auftrag Dritter ein Handels- oder Kommissionsunternehmen zu leiten.

39. Öffentlicher Tadel besteht in einer im Namen des Gerichts dem Verurteilten öffentlich ausgesprochenen Mißbilligung.

*40. Die Vermögenskonfiskation besteht darin, daß das gesamte Vermögen des Verurteilten oder ein vom Gericht genau zu bestimmender Teil dieses Vermögens, mag es sich um persönliches Eigentum des Verurteilten oder um seinen Anteil am Gemeineigentum handeln, zugunsten des Staates ohne Entschädigung zwangsweise eingezogen wird.

Der Konfiskation unterliegen nicht die für den häuslichen Bedarf des Verurteilten und seiner Familie unentbehrlichen Gegenstände sowie die dem Erwerb des Lebensunterhalts dienenden Arbeitsgeräte der im kleinen betriebenen handwerklichen, gewerblichen oder landwirtschaftlichen Produktion.

Die dem Verurteilten und seiner Familie belassenen Nahrungsmittel und Geldbeträge dürfen ihrem Gesamtwert nach für jedes Familienmitglied nicht weniger betragen als der durchschnittliche Dreimonats-Verdienst eines Arbeiters in der betreffenden Gegend.

Das für die Berufsarbeit des Verurteilten unentbehrliche Inventar kann nur dann konfisziert werden, wenn das Gericht dem Verurteilten das Recht entzieht, den betreffenden Beruf auszuüben.

Anmerkung 1. Das Vermögen der Kulaken ⟨Großbauern⟩-Wirtschaften ist von der Konfiskation lediglich insoweit ausgenommen, als es unter Art. 3 des vom SNK der RSFSR am 3. März 1933 bestätigten Verzeichnisses der Vermögensstücke fällt, auf die sich die Beitreibung von Steuerrückständen und Rückständen aus sonstigen öffentlichen Zahlungspflichten nicht erstrecken darf (GS Nr. 16, Art. 53)[1]. [1. April 1933 (GS Nr. 23, Art. 77)].

Anmerkung 2. Im Falle der Vermögenskonfiskation in Strafsachen betr. die Verantwortlichkeit von Einzelbauernwirtschaften für die nicht rechtzeitige Erfüllung der Verpflichtung zu Naturalablieferungen an den Staat oder die Nichtleistung von Geldzahlungen sind lediglich die folgenden Vermögensstücke der Einzelbauernwirtschaften von der Konfiskation ausgenommen: ein Wohnhaus, das für die Heizung der Wohnräume notwendige Heizmaterial, die zum Tragen bestimmte Winter- und Sommerkleidung, Schuhwerk, Wäsche und die

[1]) Art. 3 der Verordnung des SNK der RSFSR vom 3. März 1933 ist aufgehoben.

sonstigen für den Verurteilten und die von ihm unterhaltenen Personen unentbehrlichen Gegenstände des häuslichen Bedarfs. [1. Dezember 1934 (GS Nr. 43, Art. 267)].

41. Bei der Vermögenskonfiskation haftet der Staat nicht für Schulden und Verbindlichkeiten des Verurteilten, die erst, nachdem die Strafverfolgungs- oder Gerichtsbehörden Maßnahmen zur Sicherung des Vermögens getroffen haben, und ohne deren Einverständnis begründet worden sind.

Für die Erfüllung von Ansprüchen, die für Rechnung des konfiszierten Vermögens zu befriedigen sind, haftet der Staat nur mit den Aktiven. Hierbei gelten bezüglich der Reihenfolge der Befriedigung der Ansprüche die in den Art. 99 und 101 des Zivilgesetzbuchs, Art. 266, 266^1 und 266^2 des Zivilprozeßgesetzbuches der RSFSR aufgestellten Regeln. [10. April 1939 (GS Nr. 19, Art. 240)].

42. Die Geldstrafe ist die Auferlegung der Verpflichtung, an den Staat eine Geldsumme zu zahlen, deren Höhe das Gericht innerhalb der in den einzelnen Artikeln dieses Gesetzbuchs bestimmten Grenzen, in den Fällen aber, in denen die Geldstrafe als Ergänzungsmaßnahme angewandt wird, nach freiem Ermessen festsetzt.

In jedem Falle wird die Geldstrafe entsprechend der Vermögenslage des Verurteilten bemessen.

Bei Festsetzung der Geldstrafe kann das Gericht für den Fall ihrer Uneinbringlichkeit Besserungsarbeit ohne Freiheitsentziehung in der Weise verhängen, daß an die Stelle von hundert Rubeln Geldstrafe ein Monat Besserungsarbeit tritt. Die Umwandlung von Geldstrafe in Freiheitsentziehung und von Freiheitsentziehung in Geldsrafe ist unzulässig.

Auf Gegenstände, die der Konfiskation nicht unterliegen, darf sich auch die Beitreibung der Geldstrafe nicht erstrecken.

43. Die Verwarnung setzt ein freisprechendes Urteil voraus. Das Gericht spricht sie aus, wenn nach seiner Überzeugung das Verhalten des Freigesprochenen immerhin Grund zur Befürchtung gibt, er werde in Zukunft ein Verbrechen begehen.

44. Die Verpflichtung, den Schaden wieder gutzumachen, wird dem Verurteilten auferlegt, wenn das Gericht es für zweckmäßig erachtet, daß gerade der Verurteilte selbst die Folgen der von ihm verübten Rechtsverletzung oder des dem Verletzten zugefügten Nachteils beseitigt.

Diese Maßnahme des sozialen Schutzes darf jedoch nicht schwerer sein als die im Urteil festgesetzte Hauptmaßnahme.

Fünfter Abschnitt

Richtlinien für die Anwendung von Maßnahmen des sozialen Schutzes gerichtlich-bessernder Art

45. Bei der Festsetzung einer Maßnahme des sozialen Schutzes gerichtlich-bessernder Art richtet sich das Gericht nach:

a) den Anweisungen des Allgemeinen Teils dieses Gesetzbuchs;

b) den Grenzen, die in dem Artikel des Besonderen Teils, der ein Verbrechen der fraglichen Art vorsieht, gezogen sind;

c) seinem sozialistischen Rechtsbewußtsein; es berücksichtigt hierbei die Sozialgefährlichkeit des begangenen Verbrechens, die Umstände der Tat und die Persönlichkeit des Täters.

46. Die in diesem Gesetzbuch vorgesehenen Verbrechen werden eingeteilt in:

a) solche, die gegen die Grundlagen des durch die Macht der Arbeiter und Bauern in der Union der SSR errichteten Sowjetsystems gerichtet und daher als die gefährlichsten anzusehen sind;

b) alle übrigen Verbrechen.

Für die Verbrechen der ersten Kategorie setzt das Gesetzbuch eine Grenze fest, die das Gericht bei Bestimmung einer Maßnahme des sozialen Schutzes gerichtlich-bessernder Art nach unten nicht überschreiten darf.

Für alle übrigen Verbrechen bestimmt das Gesetz lediglich das dem Gericht gestattete Höchstmaß.

*47. Die grundlegende Frage, die in jedem Einzelfall zu entscheiden ist, ist die Frage nach der Sozialgefährlichkeit des zu beurteilenden Verbrechens.

Als in dieser Beziehung erschwerende Umstände gelten bei der Bemessung einer im Gesetzbuch vorgesehenen Maßnahme des sozialen Schutzes:

a) die Begehung des Verbrechens mit dem Ziel, die Macht der Bourgeoisie wiederherzustellen;

b) die Möglichkeit, daß durch die Begehung des Verbrechens den Interessen des Staates oder der Werktätigen ein Schaden zugefügt wird, mag auch das Verbrechen nicht unmittelbar gegen die Interessen des Staates oder der Werktätigen gerichtet sein;

c) die Begehung des Verbrechens durch eine Gruppe oder eine Bande;

c[1]) die Begehung des Verbrechens durch eine Person, die schon früher irgendein Verbrechen begangen hat, ausgenommen die Fälle, in denen die betreffende Person als nicht vorbestraft gilt (Art. 55) oder seit dem Tage der Begehung des ersten Verbrechens oder der Fällung des hierüber ergangenen Urteils die Verjährungsfristen abgelaufen sind (Art. 14 und 15). Das Gericht ist jedoch befugt, mit Rücksicht auf den Charakter des ersten Verbrechens diesem eine erschwerende Bedeutung nicht beizumessen;

d) die Begehung des Verbrechens aus Gewinnsucht oder anderen niedrigen Beweggründen;

e) die Begehung des Verbrechens mit besonderer Grausamkeit, Gewalt oder List oder gegen Personen, die dem Täter unterstellt sind, unter seiner Obhut stehen oder infolge ihres Alters oder andrer Umstände besonders hilflos sind. [6. Juni 1927 (GS Nr. 49, Art. 330); 10. April 1930 (GS 19, Art. 240)].

48. Als mildernder Umstand bei der Bemessung einer Maßnahme des sozialen Schutzes gilt es, wenn das Verbrechen begangen worden ist:

a) zwar in Überschreitung der Grenzen der Notwehr, jedoch zum Schutz gegen Angriffe auf das Sowjetregime, die revolutionäre Rechtsordnung oder die Person und Rechte des sich Verteidigenden oder eines Dritten;

b) zum ersten Mal;

c) weder aus Gewinnsucht noch aus anderen niedrigen Beweggründen;

d) unter dem Einfluß einer Drohung, eines Zwanges, eines dienstlichen oder wirtschaftlichen Abhängigkeitsverhältnisses;

e) unter der Einwirkung einer starken seelischen Erregung;

f) im Zustande des Hungers, der Not oder unter dem Eindruck des Zusammentreffens schwieriger persönlicher oder Familien-Verhältnisse;

g) aus Unwissenheit, mangelnder Einsicht oder infolge eines zufälligen Zusammentreffens der Umstände;

h) von einer Person, die die Volljährigkeit noch nicht erreicht hat, oder von einer Frau, die sich im Zustande der Schwangerschaft befindet. [6. Juni 1927 (GS Nr. 49, Art. 330)].

*49. Wenn die Handlung des Angeklagten die Merkmale mehrerer Verbrechen aufweist, sowie wenn der Angeklagte mehrere Verbrechen begangen hat, über die noch kein Urteil ergangen ist, bestimmt das Gericht, nachdem es für jedes Verbrechen eine angemessene Maßnahme des sozialen Schutzes gesondert ausgeworfen hat, die endgültige Maßnahme des sozialen Schutzes gemäß dem Artikel, der das schwerste der begangenen Verbrechen und die schwerste Maßnahme des sozialen Schutzes vorsieht.

50. Aufgehoben. [25. November 1935 (GS 1936 Nr. 1, Art. 1)].

51. Ist das Gericht bei einer außergewöhnlichen Sachlage von der Notwendigkeit überzeugt, bei Bemessung der Maßnahmen des sozialen Schutzes unter das Mindestmaß hinabzugehen, das für ein Verbrechen der fraglichen Art in diesem Gesetzbuch festgesetzt ist, oder eine mildere Maßnahme des sozialen Schutzes anzuwenden als die, die der betreffende Artikel vorsieht, so kann es eine solche Abweichung vornehmen. Es ist jedoch gehalten, die Beweggründe, die es zu dieser Abweichung veranlaßt haben, im Urteil genau anzugeben.

Das gleiche gilt auch in den Fällen, in denen das Gericht der Überzeugung ist, daß der Angeklagte im Zeitpunkt der Untersuchung des Falles nicht als sozialgefährlich anzusehen ist, und Maßnahmen des sozialen Schutzes auf ihn überhaupt nicht anwendet. [10. April 1930 (GS Nr. 19, Art. 240)].

52. Das Recht zur völligen oder teilweisen Befreiung des Verurteilten von der Anwendung der Maßnahmen des sozialen Schutzes steht über die in diesem Gesetzbuch vorgesehenen Fälle hinaus bezüglich der Urteile aller gerichtlichen Organe der RSFSR ausschließlich dem Präsidium des WZIK zu[1]. [10. April 1930 (GS Nr. 19, Art. 240)].

Sechster Abschnitt

Bedingte Verurteilung

53. Wenn das Gericht zu der Überzeugung gelangt, daß der Grad der Gefährlichkeit des Täters nicht dazu zwingt, ihn zu isolieren oder Besserungsarbeit ausführen zu lassen, so kann es seine bedingte Verurteilung aussprechen.

In diesen Fällen ordnet das Gericht an, daß das Urteil nicht zu vollstrecken ist, wenn während einer von ihm festgesetzen Frist der Verurteilte ein neues nicht weniger schweres[2]) Verbrechen nicht begeht. Die Frist darf nicht weniger als ein Jahr und nicht mehr als zehn Jahre betragen.

---

[1]) Das Recht zur Begnadigung steht jetzt dem Präsidium des Obersten Sowjets der UdSSR (Art. 49 „j“ der Verfassung der UdSSR) und (im Bezug auf die durch Gerichtsorgane der RSFSR Verurteilten) dem Präsidium des Obersten Sowjets der RSFSR zu (Art. 33 „i“ der Verfassung der RSFSR).

[2]) Vgl. Materialien zu Art. 55 (unten S. 89).

Anmerkung. Die mit der Freiheitsentziehung oder Besserungsarbeit als Ergänzungsmaßnahme des sozialen Schutzes verbundene Geld- oder Vermögensstrafe wird nach den allgemeinen Grundsätzen ohne Rücksicht darauf vollstreckt, daß die Hauptmaßnahme bedingt bestimmt worden ist.

54. Begeht der bedingt Verurteilte während der Bewährungsfrist ein neues Verbrechen, so kann das Gericht entweder die bedingt bestimmte Maßnahme des sozialen Schutzes ganz oder teilweise zu der in der neuen Sache bestimmten Maßnahme hinzufügen oder gegenüber dem Verurteilten nur die in dem zweiten Urteil bestimmte Maßnahme des sozialen Schutzes zur Anwendung bringen. Im ersteren Falle darf die Gesamtdauer der Freiheitsentziehung zehn Jahre, die der Besserungsarbeit ein Jahr nicht übersteigen. [10. April 1930 (GS Nr. 19, Art. 240)].

*55. Als nicht vorbestraft gelten:

a) Personen, die das Gericht freigesprochen hat;

b) Personen, die zwar bedingt verurteilt worden sind, jedoch während der vom Gericht festgesetzten Bewährungsfrist ein neues nicht weniger schweres[1]) Verbrechen nicht begangen haben;

c) Personen, die zur Freiheitsentziehung bis zu sechs Monaten oder zu irgendeiner anderen milderen Maßnahme des sozialen Schutzes verurteilt worden sind, jedoch während dreier Jahre seit der Verbüßung der ihnen auferlegten Maßnahme des sozialen Schutzes ein neues nicht weniger schweres[1]) Verbrechen nicht begangen haben. Das gleiche gilt für Personen, die zu Freiheitsentziehung von sechs Monaten bis zu drei Jahren verurteilt worden sind und im Verlauf von sechs Jahren ein neues nicht weniger schweres[1]) Verbrechen nicht begangen haben. [6. Juni 1927 (GS Nr. 49, Art. 330)].

56. Aufgehoben.†)

57. Aufgehoben.†)

---

[1]) Vgl. Materialien zu Art. 55 (unten S. 89).

†) Die Art. 56 u. 57 enthielten Bestimmungen über die vorläufige Entlassung. 1939 wurde dies Institut durch Unionsgesetz beseitigt.

Besonderer Teil

Erstes Kapitel[1])

Staatsverbrechen

1. Gegenrevolutionäre Verbrechen

58^{1}. Als gegenrevolutionär gilt jede Handlung, die auf den Sturz, die Unterhöhlung oder die Schwächung der Herrschaft der Räte der Arbeiter und Bauern und der von ihnen auf Grund der Verfassung der Union der SSR und der Verfassungen der Unionsrepubliken gewählten Regierungen der Arbeiter und Bauern der Union der SSR, der Unionsrepubliken und autonomen Republiken oder auf die Unterhöhlung oder die Schwächung der äußeren Sicherheit der Union der SSR und der grundlegenden wirtschaftlichen, politischen und nationalen Errungenschaften der proletarischen Revolution gerichtet ist.

Kraft der internationalen Solidarität der Interessen aller Werktätigen gelten Handlungen gleicher Art als gegenrevolutionär auch dann, wenn sie gegen einen anderen — der Union der SSR nicht angehörenden — Staat der Werktätigen gerichtet sind. [6. Juni 1927 (GS Nr. 49, Art. 330)].

58^{1a}. Vaterlandsverrat, d. h. Handlungen, begangen von Bürgern der UdSSR zum Nachteil der militärischen Macht der UdSSR, ihrer staatlichen Unabhängigkeit oder der Unantastbarkeit ihres Gebiets, wie Spionage, Preisgabe eines militärischen oder Staatsgeheimnisses, Überlaufen zum Feind, Flucht ins Ausland†), wird bestraft —

> mit der schwersten Kriminalstrafe — Erschießung, verbunden mit Konfiskation des gesamten Vermögens, bei Vorliegen mildernder Umstände — mit zehn Jahren[2]) Freiheitsentziehung, verbunden mit Konfiskation des gesamten Vermögens. [20. Juli 1934 (GS Nr. 30, Art. 173)][3]).

58^{1b}. Die gleichen Handlungen werden, wenn von einer Militärperson begangen, mit der schwersten Kriminalstrafe — Erschießung, verbunden mit Konfiskation des gesamten Vermögens, bestraft. [20. Juli 1934 (GS Nr. 30, Art. 173)].

58^{1c}. Flieht††) eine Militärperson ins Ausland, so werden die volljährigen Mitglieder ihrer Familie, sofern sie die Vorbereitung oder Begehung des Verrats in irgend einer Weise gefördert oder davon zwar gewußt, die Behörden aber nicht in Kenntnis gesetzt haben, bestraft —

> mit Freiheitsentziehung von fünf bis zu zehn Jahren, verbunden mit der Konfiskation des gesamten Vermögens.

Die übrigen volljährigen Mitglieder der Familie des Verräters, die mit ihm zusammengelebt haben oder zur Zeit der Begehung des Verbrechens von ihm unterhalten worden sind, — werden ihrer Wahlrechte für ver-

---

[1]) Das erste Kapitel gilt seit dem Inkrafttreten der Verordnung über die Staatsverbrechen, die auf der 3. Tagung der III. Wahlperiode des Zentralexekutivkomitees der UdSSR am 25. Februar 1927 angenommen wurde (GS UdSSR 1927, Nr. 12, Art. 123).

†) Der russische Text unterscheidet „Davonlaufen" und „Davonfliegen" ins Ausland. Der Begriff „Flucht" deckt beides.

[2]) Vgl. Art. 28.

[3]) Die Art. 58^{1a}—58^{1d} gelten seit dem Inkrafttreten der Verordnung des ZIK der UdSSR vom 8. Juni 1934 (GS UdSSR Nr. 33, Art. 255).

††) S. Fußnote †) zu Art. 58^{1a}.

lustig erklärt und auf fünf Jahre in entlegene Bezirke Sibiriens verschickt. [20. Juli 1934 (GS Nr. 30, Art. 173)].

58^{1d}. Unterläßt es eine Militärperson, von einem in Vorbereitung befindlichen oder vollendeten Verrat Anzeige zu erstatten, so zieht dies nach sich —

Freiheitsentziehung von zehn Jahren.

Wird eine solche Unterlassung von sonstigen Bürgern (Nichtmilitärpersonen) begangen, so wird sie gemäß Art. 58^{12} verfolgt. [20. Juli 1934 (GS Nr. 30, Art. 173)].

58^{2}. Bewaffneter Aufstand oder Eindringen von bewaffneten Banden in das Sowjetgebiet in gegenrevolutionärer Absicht, Ergreifung der zentralen oder örtlichen Gewalt in der gleichen und insbesondere d e r Absicht, von der Union der SSR und der einzelnen Unionsrepublik irgend einen ihrer Gebietsteile gewaltsam abzutrennen oder die von der Union der SSR mit ausländischen Staaten abgeschlossenen Verträge aufzuheben, ziehen nach sich —

die schwerste Maßnahme des sozialen Schutzes — Erschießung oder Erklärung zum Feind der Werktätigen, verbunden mit Vermögenskonfiskation, Aberkennung der Staatsangehörigkeit der Unionsrepublik und damit der Staatsangehörigkeit der Union der SSR und dauernder Verweisung aus dem Gebiet der Union der SSR; bei Vorliegen mildernder Umstände ist Herabsetzung bis zu Freiheitsentziehung nicht unter drei Jahren, verbunden mit völliger oder teilweiser Vermögenskonfiskation, zulässig. [6. Juni 1927 (GS Nr. 49, Art. 330)].

58^{3}. Unterhaltung von Beziehungen zu einem ausländischen Staat oder zu einzelnen Vertretern desselben in gegenrevolutionärer Absicht oder Vorschubleistung jeder Art zugunsten eines ausländischen Staates, der sich mit der Union der SSR im Zustand des Krieges, der bewaffneten Intervention oder Blockade befindet, ziehen nach sich —

die in Art. 58^{2} dieses Gesetzbuchs bezeichneten Maßnahmen des sozialen Schutzes. [6. Juni 1927 (GS Nr. 49, Art. 330)].

58^{4}. Jegliche Art der Unterstützung des Teiles der internationalen Bourgeoisie, der die Gleichberechtigung des das kapitalistische System ablösenden kommunistischen Systems nicht anerkennt und seinen Sturz erstrebt, oder der sozialen Gruppen und Organisationen, die unter dem Einfluß dieser Bourgeoisie stehen oder unmittelbar von ihr organisiert sind, bei Ausübung der der Union der SSR feindlichen Tätigkeit, zieht nach sich —

Freiheitsentziehung nicht unter drei Jahren, verbunden mit völliger oder teilweiser Vermögenskonfiskation; bei Vorliegen besonders erschwerender Umstände: Erhöhung bis zur schwersten Maßnahme des sozialen Schutzes — Erschießung oder Erklärung zum Feind der Werktätigen, verbunden mit Aberkennung der Staatsangehörigkeit der Unionsrepublik und damit der Staatsangehörigkeit der Union der SSR, dauernder Verweisung aus dem Gebiet der Union der SSR und Vermögenskonfiskation. [6. Juni 1927 (GS Nr. 49, Art. 330)].

58^{5}. Veranlassung eines fremden Staates oder irgendwelcher in ihm bestehender sozialer Gruppen im Wege der Konspiration mit ihren Vertretern, durch Benutzung falscher Urkunden oder auf sonstige Weise zu einer Kriegserklärung, einer bewaffneten Einmischung in die Angelegenheiten der Union der SSR oder zu sonstigen unfreundlichen Akten, insbesondere

Blockade, Beschlagnahme von Staatseigentum der Union der SSR oder der Unionsrepubliken, Abbruch der diplomatischen Beziehungen, Bruch der mit der Union der SSR geschlossenen Verträge u. dgl., zieht nach sich —

die in Art. 58^2 dieses Gesetzbuchs bezeichneten Maßnahmen des sozialen Schutzes. [6. Juni 1927 (GS Nr. 49, Art. 330)].

58^6. Spionage, d. h. Weitergabe, Entwendung oder zwecks Weitergabe vorgenommene Sammlung von Nachrichten, die sich ihrem Inhalt nach als ein besonders schutzwürdiges Staatsgeheimnis darstellen, zugunsten ausländischer Staaten, gegenrevolutionärer Organisationen oder Privatpersonen, zieht nach sich —

Freiheitsentziehung nicht unter drei Jahren, verbunden mit völliger oder teilweiser Vermögenskonfiskation; in den Fällen jedoch, in denen die Spionage besonders schwere Nachteile für die Interessen der Union der SSR herbeigeführt hat oder hätte herbeiführen können: Erhöhung bis zur schwersten Maßnahme des sozialen Schutzes — Erschießung oder Erklärung zum Feind der Werktätigen, verbunden mit der Aberkennung der Staatsangehörigkeit der Unionsrepublik und damit der Staatsangehörigkeit der Union der SSR, dauernder Verweisung aus dem Gebiet der Union der SSR und Vermögenskonfiskation.

Weitergabe, Entwendung oder zwecks Weitergabe vorgenommene Sammlung von wirtschaftlichen Nachrichten, die sich ihrem Inhalt nach als ein besonders schutzwürdiges Staatsgeheimnis nicht darstellen, aber gemäß einem ausdrücklichen gesetzlichen Verbot oder der Verfügung des Leiters einer Behörde, Anstalt oder Unternehmung der Bekanntgabe entzogen sind, zugunsten der oben bezeichneten Organisationen und Personen, sei es entgeltlich, sei es unentgeltlich, ziehen nach sich —

Freiheitsentziehung bis zu drei Jahren. [6. Juni 1927 (GS Nr. 49, Art. 330)].

Anmerkung 1. Als besonders schutzwürdiges Staatsgeheimnis gelten Nachrichten, die in einem besonderen, vom Rat der Volkskommissare der UdSSR im Einvernehmen mit den Räten der Volkskommissare der Unionsrepubliken bestätigten und zur allgemeinen Kenntnis gebrachten Verzeichnis aufgeführt sind[1]). [6. Juni 1927 (GS Nr. 49, Art. 330)].

Anmerkung 2. Soweit die Spionage von einer der in Art. 193^1 dieses Gesetzbuchs bezeichneten Personen begangen wird, verbleibt es bei der Bestimmung des Art. 193^{24} desselben Gesetzbuchs. [9. Januar 1928 (GS Nr. 12, Art. 108)].

***58^7.** Unterhöhlung der staatlichen Industrie, des staatlichen Verkehrswesens, Handels, Geldverkehrs oder Kreditsystems sowie des Genossenschaftswesens, begangen in gegenrevolutionärer Absicht durch mißbräuchliche Benutzung staatlicher Behörden oder Unternehmen oder durch Beeinträchtigung ihrer normalen Tätigkeit, sowie mißbräuchliche Benutzung staatlicher Behörden oder Unternehmen oder die Beeinträchtigung ihrer Tätigkeit, begangen im Interesse der ehemaligen Eigentümer oder interessierter kapitalistischer Organisationen, ziehen nach sich —

die in Art. 58^2 dieses Gesetzbuchs bezeichneten Maßnahmen des sozialen Schutzes. [6. Juni 1927 (GS Nr. 49, Art. 330)].

---

[1]) Vgl. die Verordnung des Ministerrats der UdSSR vom 8. Juni 1947 (unten S. 77).

*58^{8}. Begehung terroristischer Handlungen gegen Vertreter der Sowjetmacht oder Funktionäre revolutionärer Organisationen der Arbeiter und Bauern sowie Teilnahme auch einer gegenrevolutionären Organisation nicht angehöriger Personen an der Ausführung solcher Handlungen ziehen nach sich —

die in Art. 58^{2} dieses Gesetzbuchs bezeichneten Maßnahmen des sozialen Schutzes. [6. Juni 1927 (GS Nr. 49, Art. 330)].

*58^{9}. In gegenrevolutionärer Absicht mittels Sprengung, Brandstiftung oder auf andere Weise begangene Zerstörung oder Beschädigung von Eisenbahnen oder sonstigen Verkehrswegen und -mitteln, von nationalen Nachrichtenmitteln, Wasserleitungen, öffentlichen Depots oder sonstigen zum staatlichen oder öffentlichen Vermögen gehörigen Anlagen zieht nach sich —

die in Art. 58^{2} dieses Gesetzbuchs bezeichneten Maßnahmen des sozialen Schutzes. [6. Juni 1927 (GS Nr. 49, Art. 330)].

58^{10}. Propaganda oder Agitation, die zu Sturz, Unterhöhlung oder Schwächung der Sowjetherrschaft oder zu Begehung einzelner gegenrevolutionärer Verbrechen (Art. 58^{2}—58^{9} dieses Gesetzbuchs) auffordern, sowie Verbreitung, Herstellung oder Aufbewahrung von Schriften gleichen Inhalts ziehen nach sich —

Freiheitsentziehung nicht unter sechs Monaten.

Werden die gleichen Handlungen bei Massenaufruhr, unter Ausnutzung religiöser oder nationaler Vorurteile der Massen, während des Krieges oder an Orten, über die der Kriegszustand verhängt ist, begangen, so ziehen sie nach sich —

die in Art. 58^{2} dieses Gesetzbuchs bezeichneten Maßnahmen des sozialen Schutzes. [6. Juni 1927 (GS Nr. 49, Art. 330)].

58^{11}. Auf die Vorbereitung oder Begehung der in diesem Kapitel vorgesehenen Verbrechen gerichtete organisatorische Tätigkeit jeglicher Art sowie Teilnahme an einer Organisation, die zur Vorbereitung oder Begehung eines in diesem Kapitel vorgesehenen Verbrechens gebildet worden ist, ziehen nach sich —

die in den entsprechenden Artikeln dieses Kapitels genannten Maßnahmen des sozialen Schutzes. [6. Juni 1927 (GS Nr. 49, Art. 330)].

58^{12}. Nichtanzeige eines in Vorbereitung befindlichen oder vollendeten gegenrevolutionären Verbrechens, von dem man auf glaubwürdige Weise Kenntnis erlangt hat, zieht nach sich —

Freiheitsentziehung nicht unter sechs Monaten. [6. Juni 1927 (GS Nr. 49, Art. 330)].

58^{13}. Aktive Handlungen und aktiver Kampf gegen die Arbeiterklasse und die revolutionäre Bewegung, ausgeführt auf verantwortlichem Posten oder im Geheimdienst (Agentur) während des zaristischen Regimes oder bei gegenrevolutionären Regierungen während des Bürgerkriegs ziehen nach sich —

die in Art. 58^{2} dieses Gesetzbuchs bezeichneten Maßnahmen des sozialen Schutzes. [6. Juni 1927 (GS Nr. 49, Art. 330)].

*58^{14}. Gegenrevolutionäre Sabotage, d. h. bewußte Nichterfüllung bestimmter Verpflichtungen oder deren vorsätzlich unzulängliche Erfüllung

in der speziellen Absicht, die Macht der Regierung und das Funktionieren des Staatsapparates zu beeinträchtigen, zieht nach sich —

Freiheitsentziehung nicht unter einem Jahr, verbunden mit völliger oder teilweiser Vermögenskonfiskation; bei Vorliegen besonders erschwerender Umstände: Erhöhung bis zur schwersten Maßnahme des sozialen Schutzes — Erschießung, verbunden mit Vermögenskonfiskation. [6. Juni 1927 (GS Nr. 49, Art. 330)].

2. Für die Union der SSR besonders gefährliche Verbrechen gegen die Verwaltungsordnung

59[1]. Als Verbrechen gegen die Verwaltungsordnung gilt jede Handlung, die zwar nicht unmittelbar auf den Sturz der Sowjetherrschaft und der Regierung der Arbeiter und Bauern gerichtet ist, jedoch zur Störung des ordnungsgemäßen Funktionierens der Organe der Verwaltung oder der Volkswirtschaft führt und mit Widerstand gegen die Staatsorgane und Behinderung ihrer Tätigkeit, Ungehorsam gegen die Gesetze oder sonstigen Handlungen verbunden ist, die eine Schwächung der Kraft und Autorität der Staatsgewalt hervorrufen.

Als für die Union der SSR besonders gefährlich gelten die ohne gegenrevolutionäre Absicht begangenen Verbrechen gegen die Verwaltungsordnung, die die Grundlagen der Staatsverwaltung und der wirtschaftlichen Macht der Union der SSR und der Unionsrepubliken erschüttern. [6. Juni 1927 (GS Nr. 49, Art. 330)].

59[2]. Massenunruhen, verbunden mit Pogromen, Zerstörung von Eisenbahnen oder sonstigen Verkehrs- und Nachrichtenmitteln, Totschlag, Brandstiftung oder anderen gleichartigen Handlungen, ziehen nach sich:

a) für die Veranstalter und Führer der Massenunruhen sowie alle Beteiligten, die die oben bezeichneten Verbrechen begangen oder bewaffneten Widerstand gegen die Staatsgewalt geleistet haben, —

Freiheitsentziehung nicht unter zwei Jahren, verbunden mit völliger oder teilweiser Vermögenskonfiskation; bei Vorliegen besonders erschwerender Umstände: Erhöhung bis zur schwersten Maßnahme des sozialen Schutzes — Erschießung, verbunden mit Vermögenskonfiskation;

b) für die übrigen Beteiligten —

Freiheitsentziehung bis zu drei Jahren.

Massenunruhen, die die oben bezeichneten Verbrechen nicht im Gefolge haben, aber mit offensichtlichem Ungehorsam gegen die gesetzmäßigen Befehle der Staatsorgane oder mit Widerstand gegen die Ausübung der diesen obliegenden Pflichten oder mit deren Nötigung zur Erfüllung offensichtlich gesetzwidrigen Ansinnens verbunden sind, ziehen nach sich —

Freiheitsentziehung bis zu einem Jahr. [6. Juni 1927 (GS Nr. 49, Art. 330)].

59[3]. Banditentum, d. h. Organisation von bewaffneten Banden und Teilnahme an ihnen und den von ihnen veranstalteten Ausschreitungen — Überfällen auf sowjetische oder private Einrichtungen oder einzelne Bürger, Anhalten von Eisenbahnzügen, Zerstörung von Eisenbahnen und sonstigen Verkehrs- und Nachrichtenmitteln — zieht nach sich —

Freiheitsentziehung nicht unter drei Jahren, verbunden mit völliger oder teilweiser Vermögenskonfiskation; bei Vorliegen besonders erschwerender Umstände: Erhöhung bis zur schwersten Maßnahme des sozialen Schutzes — Erschießung, verbunden mit Vermögenskonfiskation. [6. Juni 1927 (GS Nr. 49, Art. 330)].

59³ᵃ. Heimliche oder offene Entwendung von Schußwaffen, deren Zubehörteilen und Munition[1]):

a) aus Depots und Lagerhäusern der Roten Armee der Arbeiter und Bauern, der militarisierten Schutz- und Feuerwehrmannschaften für Betriebe und Anlagen von besonderer staatlicher Bedeutung, der Miliz der Arbeiter und Bauern, der Expedition für unterseeische Arbeiten (EPRON), der Besserungsarbeitsanstalten sowie des Landsturms für den Etappendienst und der Arbeitseinheiten für Personen, die wegen ihrer religiösen Überzeugungen vom Militärdienst befreit sind[2]), oder b) an dauernden oder vorübergehenden Standorten von Einheiten der Roten Armee der Arbeiter und Bauern, der militarisierten Schutz- und Feuerwehrmannschaften, der Miliz der Arbeiter und Bauern, der Expedition für unterseeische Arbeiten (EPRON), des Landsturms für den Etappendienst und der Arbeitseinheiten sowie aus Besserungsarbeitsanstalten — sofern die Schußwaffen, deren Zubehörteile und die Munition unter Bewachung oder besonderer Kontrolle stehen, zieht nach sich —

Freiheitsentziehung nicht unter einem Jahr und, falls die Entwendung unter Anwendung von Gewalt begangen wird, die Leben und Gesundheit des Schutz- oder Überwachungspersonals gefährdet, — Freiheitsentziehung nicht unter drei Jahren; bei Vorliegen besonders erschwerender Umstände: Erhöhung bis zur schwersten Maßnahme des sozialen Schutzes — Erschießung, verbunden mit Vermögensfiskation. [20. April 1934 (GS Nr. 17, Art. 102)].

*59³ᵇ. Zerstörung oder Beschädigung von Eisenbahnen und sonstigen Verkehrswegen, dazu gehörigen Bauten, Warnungssignalen und rollendem Material sowie von Schiffen in der Absicht, einen Eisenbahn- oder Schiffsunfall herbeizuführen, zieht nach sich —

Freiheitsentziehung nicht unter drei Jahren, verbunden mit völliger oder teilweiser Vermögenskonfiskation; bei Vorliegen besonders erschwerender Umstände: Erhöhung bis zur schwersten Maßnahme des sozialen Schutzes — Erschießung, verbunden mit Vermögenskonfiskation. [25. Juni 1929 (GS Nr. 50, Art. 513)].

59³ᶜ. Verletzung der Arbeitsdisziplin (Verletzung der Verkehrsregeln, mangelhafte Ausbesserung des rollenden Materials und der Strecke und dgl.) durch im Verkehrswesen beschäftigte Personen, wenn diese Verletzung die Beschädigung oder Zerstörung des rollenden Materials, der Strecke oder der Streckenbauten, Personenunfälle, nicht rechtzeitige Abfahrt der Züge oder Schiffe, die Anhäufung von Leertransportraum an den Ausladeplätzen oder den Stillstand von Waggons und Schiffen zur Folge gehabt hat oder hätte haben können, sowie andere Handlungen, die die Vereitelung (Nichterfüllung) der von der Regierung auf-

---

[1]) Vgl. dazu Dekret des Präsidiums des Obersten Sowjets der UdSSR vom 4. Juni 1947 (unten S. 72).

[2]) Einen Landsturm für den Etappendienst und Arbeitseinheiten für vom Militärdienst Befreite sind in dem auf der 4. Tagung des Obersten Sowjets der UdSSR am 1. September 1939 angenommenen Gesetz über die allgemeine Wehrpflicht nicht ⟨mehr⟩ vorgesehen.

gestellten Beförderungspläne zur Folge haben oder die Regelmäßigkeit und Sicherheit des Verkehrs bedrohen, ziehen nach sich —

Freiheitsentziehung bis zu zehn Jahren.

Falls diese verbrecherischen Handlungen einen offensichtlich böswilligen Charakter tragen, findet die schwerste Maßnahme des sozialen Schutzes, verbunden mit Vermögenskonfiskation, Anwendung. [15. Februar 1931 (GS Nr. 9, Art. 103)].

59^{3d}. Verletzung der Dienstpflichten durch das Personal der zivilen Luftfahrt und zivilen Luftschiffahrt (Verletzung der Vorschriften über die Erteilung der Starterlaubnis für Luftschiffe, begangen durch den Kommandanten des Flugplatzes, Abflug aus dem Flughafen ohne Anordnung des Kommandanten des Flughafens, Verletzung der Flugvorschriften u. dgl.) zieht, wenn diese Verletzung die Beschädigung oder Zerstörung des Luftfahrzeugs oder der Bodenanlagen oder einen Personenunfall zur Folge gehabt hat oder hätte haben können, nach sich —

Freiheitsentziehung bis zu zehn Jahren und bei Vorliegen besonders erschwerender Umstände — die schwerste Strafmaßnahme. [1. Dezember 1935 (GS 1936 Nr. 1, Art. 2)].

59^{3e}. Verletzung der Vorschriften über zwischenstaatliche Flüge (Einflug in die Union der SSR und Ausflug aus der Union der SSR ohne Erlaubnis, Nichtbeachtung der in der Erlaubnis bezeichneten Flugrouten, Landeplätze, Lufttore, Flughöhe u. dgl.) zieht, sofern nicht die Merkmale eines Vaterlandsverrats oder anderer gegenrevolutionärer Verbrechen vorliegen, nach sich —

Freiheitsentziehung nicht unter einem Jahr oder Geldstrafe bis zu 10 000 Rubeln, verbunden mit Einziehung des Luftfahrzeugs, oder ohne solche. [1. Dezember 1935 (GS 1936 Nr. 1, Art. 2)].

59^{4}. Umgehung der Pflicht, der regulären Einberufung zum aktiven Militärdienst Folge zu leisten, zieht nach sich —

Besserungsarbeit bis zu einem Jahr.

Umgehung der Pflicht, der regulären Einberufung zum aktiven Militärdienst Folge zu leisten, unter erschwerenden Umständen, insbesondere mittels Selbstverletzung, Vortäuschung einer Krankheit, Urkundenfälschung, Bestechung eines Beamten u. dgl. oder unter dem Vorwand einer religiösen Überzeugung[1]), zieht nach sich —

Freiheitsentziehung bis zu fünf Jahren. [10. Januar 1931 (GS Nr. 5, Art. 46)].

59^{5}. Umgehung der Pflicht, der während des Krieges erfolgenden Einberufung zu einer Landsturmeinheit für den Etappendienst oder zu einer Arbeitseinheit Folge zu leisten, seitens einer Person, die dem Landsturm für den Etappendienst zugeteilt, bzw. wegen ihrer religiösen Überzeugung vom Militärdienst befreit ist[1]), zieht nach sich —

Freiheitsentziehung nicht unter einem Jahr. [20. April 1934 (GS Nr. 17, Art. 102)].

---

[1]) Eine Befreiung vom Militärdienst wegen religiöser Überzeugungen und die Organisation eines Landsturms für den Etappendienst sind in dem Gesetz über die allgemeine Wehrpflicht vom 1. September 1939 nicht ⟨mehr⟩ vorgesehen.

59⁶. Verweigerung oder Umgehung von Steuerzahlungen oder der Erfüllung von öffentlichen Pflichten (wie der Pflicht zur Ausführung von Militär-Autotransporten und der Pflicht zur Gestellung von Militärpferden, -Fuhrwerken und -Wasserfahrzeugen) während des Krieges ziehen nach sich —

Freiheitsentziehung nicht unter sechs Monaten; bei Vorliegen besonders erschwerender Umstände: Erhöhung bis zur schwersten Maßnahme des sozialen Schutzes — Erschießung, verbunden mit Vermögenskonfiskation. [6. Juni 1927 (GS Nr. 49, Art. 330)].

59⁷. Propaganda oder Agitation, die auf die Erregung nationaler oder religiöser Feindschaft oder Uneinigkeit gerichtet sind, sowie die Verbreitung, Herstellung oder Aufbewahrung von Schriften gleichen Inhalts ziehen nach sich —

Freiheitsentziehung bis zu zwei Jahren.

Werden die gleichen Handlungen während des Krieges oder bei Massenunruhen begangen, so ziehen sie nach sich —

Freiheitsentziehung nicht unter zwei Jahren, verbunden mit völliger oder teilweiser Vermögenskonfiskation; bei Vorliegen besonders erschwerender Umstände: Erhöhung bis zur schwersten Maßnahme des sozialen Schutzes — Erschießung, verbunden mit Vermögenskonfiskation. [6. Juni 1927 (GS Nr. 49, Art. 330)].

*59⁸. Gewerbsmäßige Fälschung von Metallgeld, Staatskassenscheinen, Noten der Staatsbank der Union der SSR, staatlichen Wertpapieren oder von ausländischer Valuta sowie das gewerbsmäßige Inverkehrbringen der gefälschten Stücke ziehen nach sich —

die schwerste Maßnahme des sozialen Schutzes — Erschießung, verbunden mit Vermögenkonfiskation; bei Vorliegen mildernder Umstände ist Herabsetzung bis zu Freiheitsentziehung nicht unter zwei Jahren, verbunden mit völliger oder teilweiser Vermögenskonfiskation, zulässig.

Gewerbsmäßige Fälschung von Schecks, Hinterlegungsscheinen über Geld und Wertpapiere sowie von Kreditbriefen zieht nach sich —

Freiheitsentziehung nicht unter zwei Jahren, verbunden mit völliger oder teilweiser Vermögenskonfiskation.

Gewerbsmäßige Fälschung von Postwertzeichen, Fahrkarten der Eisenbahnen und Wasserverkehrsmittel und von sonstigen die Personen- oder Güterbeförderung betreffenden Urkunden sowie das gewerbsmäßige Inverkehrbringen der gefälschten Stücke ziehen nach sich —

Freiheitsentziehung bis zu drei Jahren. [10. Februar 1930 (GS Nr. 8, Art. 94)].

*59⁹. Qualifizierte Konterbande zieht nach sich —

außer der von der Zollverwaltung vorzunehmenden Einziehung der Waren und der von ihr aufzuerlegenden Geldstrafe: Freiheitsentziehung nicht unter einem Jahr, verbunden mit völliger oder teilweiser Vermögenskonfiskation; bei Vorliegen besonders erschwerender Umstände: Erhöhung bis zur schwersten Maßnahme des sozialen Schutzes — Erschießung, verbunden mit Vermögenskonfiskation. [6. Juni 1927 (GS Nr. 49, Art. 330)].

59^{10}. Gewerbsmäßig oder von einem Beamten dem ungesetzlichen Überschreiten der staatlichen Grenzen geleisteter Vorschub zieht nach sich —

Freiheitsentziehung nicht unter einem Jahr. [6. Juni 1927 (GS Nr. 49, Art. 330)].

59^{11}. Verletzung der Verordnung über das Außenhandelsmonopol zieht nach sich —

Freiheitsentziehung bis zu zehn Jahren, verbunden mit völliger oder teilweiser Vermögenskonfiskation. [6. Juni 1927 (GS Nr. 49, Art. 330)].

59^{12}. Verletzung der Bestimmungen über Valutageschäfte zieht nach sich —

Freiheitsentziehung bis zu drei Jahren, verbunden mit völliger oder teilweiser Vermögenskonfiskation. [6. Juni 1927 (GS Nr. 49, Art. 330)].

59^{13}. Nichtanzeige eines in Vorbereitung befindlichen oder vollendeten Verbrechens aus Art. 59^{2}, 59^{3} oder 59^{8} dieses Gesetzes, von dem man auf glaubwürdige Weise Kenntnis erlangt hat, zieht nach sich —

Freiheitsentziehung bis zu einem Jahr. [6. Juni 1927 (GS Nr. 49, Art. 330)].

*Zweites Kapitel

Sonstige Verbrechen gegen die Verwaltungsordnung

60. Nicht rechtzeitige Zahlung von Steuern oder Zwangsversicherungsgebühren trotz vorliegender Zahlungsfähigkeit zieht für den Fall, daß auch nur einmal im vergangenen oder im laufenden Steuerjahr Eintreibungsmaßnahmen wie Pfändung von Vermögensgegenständen oder Zwangsversteigerung der gepfändeten Vermögensgegenstände angewandt worden sind, nach sich —

das erste Mal — Geldstrafe in Höhe der geschuldeten Beträge; das zweite Mal — Besserungsarbeit bis zu sechs Monaten oder Geldstrafe in doppelter Höhe der geschuldeten Zahlungen.

Werden die gleichen Handlungen von einer Mehrheit von Personen auf vorherige Verabredung oder, wenn auch ohne vorherige Verabredung, von Personen begangen, die solchen landwirtschaftlichen Betrieben angehören, die gemäß den (auf der Grundlage der Verordnung über die Landwirtschaftssteuer erlassenen) Sondergesetzen den Kulaken- ⟨großbäuerlichen⟩ Betrieben zuzurechnen sind, oder von Personen, die in der Gruppe Nr. 3 zur Einkommensteuer veranlagt sind, —

Freiheitsentziehung oder Besserungsarbeit bis zu einem Jahr oder Geldstrafe bis zum zehnfachen Betrag der geschuldeten Zahlungen. [30. März 1930 (GS Nr. 16, Art. 192)].

60^{1}. Nicht rechtzeitige Zahlung der Militär-Sondersteuer trotz vorliegender Zahlungsfähigkeit —

Besserungsarbeit bis zu drei Monaten oder Geldstrafe bis zum dreifachen Betrag der nicht gezahlten Steuer.

Werden die gleichen Handlungen von einer wegen Nichtzahlung der bezeichneten Steuer im laufenden oder vergangenen Steuerjahr verurteilten Personen begangen, —

Besserungsarbeit bis zu sechs Monaten oder Geldstrafe bis zum fünffachen Betrag der nicht gezahlten Steuer.

Werden die gleichen Handlungen, wenn auch zum ersten Mal, von einer Mehrheit von Personen auf vorherige Verabredung begangen, —

Freiheitsentziehung bis zu zwei Jahren[1]). [29. Juli 1929 (GS Nr. 59, Art. 576)].

***61.** Verweigerung der Erfüllung von öffentlichen Pflichten und allgemeinstaatlichen Aufgaben oder der Ausführung von Arbeiten von allgemeinstaatlichem Interesse —

von dem zuständigen staatlichen Organ zu verhängende Geldstrafe[2]) bis zum fünffachen Wert der auferlegten Aufgaben, Pflichten oder Arbeiten, im Wiederholungsfall — Freiheitentziehung oder Besserungsarbeit bis zu einem Jahr.

Werden die gleichen Handlungen von Elementen aus dem Kulakentum ⟨großbäuerlichen Elementen⟩, wenn auch zum ersten Mal, oder von anderen Personen unter erschwerenden Umständen begangen wie vorherige Verabredung durch eine Mehrheit von Personen oder aktiver Widerstand gegenüber den Organen der Staatsgewalt bei Durchsetzung der Pflichten, Aufgaben oder Arbeiten, —

Freiheitsentziehung bis zu zwei Jahren, verbunden mit völliger oder teilweiser Vermögenskonfiskation sowie mit Verschickung oder ohne solche. [15. Februar 1931 (GS Nr. 9, Art. 102)].

62. Auf gemeinsamer Verabredung beruhende planmäßige Verheimlichung oder fälschliche Mengenangabe in bezug auf Gegenstände, die einer Besteuerung oder Erfassung unterliegen —

für die Veranstalter und Führer — Freiheitsentziehung bis zu zwei Jahren oder Besserungsarbeit bis zu einem Jahre, verbunden mit teilweiser Vermögenskonfiskation, oder ohne solche; für die sonstigen Beteiligten — Geldstrafe bis zum fünffachen Betrag der geschuldeten Zahlungen.

Verheimlichung im Wiederholungsfall, auch wenn sie nicht auf Verabredung mit anderen Zahlungspflichtigen beruht, —

die für die Veranstalter und Führer der planmäßigen Verheimlichung vorgesehenen Maßnahmen des sozialen Schutzes.

Erstmalige Verheimlichung —

Geldstrafe bis zum fünffachen Betrag der geschuldeten Zahlungen. [17. Juni 1929 (GS Nr. 46, Art. 480)].

A n m e r k u n g. Die Geltung des dritten Absatzes dieses Artikels erstreckt sich nicht auf diejenigen Fälle der Verheimlichung der

[1]) In dem Gesetz über die allgemeine Wehrpflicht ist ein Landsturm für den Etappendienst nicht ⟨mehr⟩ vorgesehen, so daß im Zusammenhang damit auch die Militär-Sondersteuer entfällt.

[2]) Die Geldstrafen wegen Nichterfüllung der Pflichtlieferungen u. dgl. werden ⟨jetzt⟩ im Rahmen eines besonderen Verfahrens durch das Gericht verhängt (GS UdSSR 1937 Nr. 30, Art. 120).

Quellen des der Landwirtschaftssteuer unterliegenden Einkommens, in denen Verwaltungsstrafen auf Grund der Verordnung über diese Steuer[1]) verhängt werden. [17. Juni 1929 (GS Nr. 46, Art. 480)].

63. Verheimlichung eines Nachlasses oder eines durch Schenkung erworbenen Vermögens, in seiner Gesamtheit oder zu einem Teil, sowie künstliche Verminderung des Werts des Vermögens mit dem Ziel, die Erb- oder Schenkungsgesetze oder das Gesetz über die Besteuerung des Nachlasses und des durch Schenkung erworbenen Vermögens[2]) zu umgehen, —

völlige oder teilweise Konfiskation des Vermögens, das durch Erbfolge oder Schenkung auf die Person übergegangen ist, die es verheimlicht.

***64.** Verletzung der zur Registrierung der wehrpflichtigen Mannschaften und Angehörigen des niederen Führungspersonals ⟨Unteroffiziere⟩†) erlassenen Bestimmungen, von einem Gemeinen oder Angehörigen des niederen Führungspersonals zum ersten Mal begangen, — Geldstrafe bis zu fünfzig Rubeln, die im Verwaltungswege von den Vorstehern der Milizreviere oder den Vorsitzenden der Dorf- (Siedlungs-)Sowjets verhängt wird.

Verletzung der zur Registrierung der wehrpflichtigen Angehörigen des Führungspersonals ⟨Offiziere⟩†) erlassenen Bestimmungen, von einem Angehörigen des Führungspersonals zum ersten Mal begangen, — Geldstrafe bis zu hundert Rubeln, die im Verwaltungswege von den Bezirks- (Stadt-)Kriegskommissaren verhängt wird.

Nichtbefolgung der in den Art. 63 und 64 des Gesetzes über die allgemeine Wehrpflicht enthaltenen Bestimmungen über die Registrierung der Wehrpflichtigen durch den Hausverwalter, Hauskommandanten oder Hauseigentümer — Geldstrafe bis zu hundert Rubeln, die im Verwaltungswege von den Vorstehern der Milizreviere verhängt wird.

Wiederholte Verletzung der Bestimmungen über die Registrierung der Wehrpflichtigen, begangen:

a) von einem Gemeinen oder Angehörigen des niederen Führungspersonals, — Besserungsarbeit bis zu einem Monat oder Geldstrafe bis zu zweihundert Rubeln;

b) von einem Angehörigen des Führungspersonals, — Besserungsarbeit bis zu zwei Monaten oder Geldstrafe bis zu vierhundert Rubeln. [Dekret des Präsidiums des Obersten Sowjets der RSFSR vom 12. November 1940].

65. Aufgehoben. [6. Juni 1927 (GS Nr. 49, Art. 330)].

66. Umgehung der Pflicht zur Teilnahme an Probe- oder Kontrollmobilmachungen —

Besserungsarbeit bis zu drei Monaten oder Geldstrafe bis zu fünfhundert Rubeln.

67. Aufgehoben. [6. Juni 1927 (GS Nr. 49, Art. 330)].

---

[1]) Dazu ist ⟨jetzt⟩ zu beachten Art. 33 des auf der 4. Tagung des Obersten Sowjets der UdSSR am 1. September 1939 angenommenen Gesetzes über die Landwirtschaftssteuer: „Wegen Verheimlichung der Einkommensquellen werden die Steuerpflichtigen strafrechtlich zur Verantwortung gezogen".

[2]) Die Steuer auf Vermögen, die durch Erbfolge oder Schenkung erworben werden, ist durch Dekret des Präsidiums des Obersten Sowjets der UdSSR vom 9. Januar 1943 („Mitteilungen des Obersten Sowjets der UdSSR" 1943 Nr. 3) aufgehoben worden.

†) S. dazu Note †) zu Art. 193^{7}.

68. Weigerung, der Wehrpflicht Folge zu leisten, oder Umgehung dieser Pflicht seitens einer Person, die zur Teilnahme an der vormilitärischen Ausbildung verpflichtet ist[1])†), oder seitens einer Militärperson oder eines Reservisten der Roten Armee der Arbeiter und Bauern, die nicht in der Roten Armee der Arbeiter und Bauern dienen, —

Freiheitsentziehung oder Besserungsarbeit bis zu sechs Monaten oder Geldstrafe bis zu fünfhundert Rubeln.

Weigerung, der Wehrpflicht Folge zu leisten, oder Umgehung dieser Pflicht seitens einer Person, die zur Teilnahme an der vormilitärischen Ausbildung verpflichtet ist, oder seitens einer Militärperson oder eines Reservisten, die nicht in der Roten Armee der Arbeiter und Bauern dienen, mittels Gesundheitsbeschädigung, Vortäuschung einer Krankheit, Urkundenfälschung, Bestechung von Beamten oder sonstiger Täuschungshandlungen oder unter dem Vorwand religiöser[2]) oder sonstiger persönlicher Überzeugungen —

Freiheitsentziehung bis zu drei Jahren. [6. Juni 1927 (GS Nr. 49, Art. 330)].

69. Umgehung der Pflicht, die ihnen zugewiesenen gemeinnützigen Arbeiten auszuführen, seitens Personen, die wegen ihrer religiösen Überzeugung vom Militärdienst befreit, oder Personen, die dem Landsturm für den Etappendienst zugeteilt sind[2]), —

Freiheitsentziehung bis zu zwei Jahren oder Besserungsarbeit bis zu einem Jahr oder Geldstrafe bis zu eintausend Rubeln. [10. Januar 1931 (GS Nr. 5, Art. 46)].

70. Umgehung der Pflicht, Pferde, Fuhrwerk oder Geschirr zur Ausrüstung der territorialen Einheiten der Roten Armee der Arbeiter und Bauern zu gestellen, während der Ausbildungszeit sowie während der Übungs- und kurzfristigen Appelle —

Geldstrafe bis zu zweihundert Rubeln, mit oder ohne Einziehung der nichtgestellten Tiere und Gegenstände.

Verletzung der Bestimmungen über die militärische oder sonstige Registrierung von Arbeitstieren (Pferden, Ochsen, Kamelen u. ä.), Fuhrwerk, Geschirr, Kraftwagen, Motorrädern, Fahrrädern und sonstigen Transportmitteln, die der Registrierung unterliegen, sowie ihrer Zubehör- und Ersatzteile, oder Nichtvorführung der bezeichneten Gegenstände zur Kontrollzählung, Bestandsaufnahme oder bei Probe- und Kontrollmobilmachungen ohne triftigen Grund —

Besserungsarbeit bis zu einem Monat oder Geldstrafe bis zu zweihundert Rubeln. [16. Juni 1927 (GS Nr. 49, Art. 330); 30. August 1931 (GS Nr. 51, Art. 375)].

71. A u f g e h o b e n. [1. Juli 1932 (GS Nr. 59, Art. 261)].

72. Fälschung von Beglaubigungen oder sonstigen von staatlichen und öffentlichen Behörden ausgestellten Urkunden, die Rechte gewähren oder

---

[1]) Als Bestandteil der Wehrpflicht sieht das Gesetz über die allgemeine Wehrpflicht die Teilnahme der vormilitärischen Ausbildung nicht ⟨mehr⟩ an.

†) Gemeint ist der der Einberufung zum aktiven Militärdienst unmittelbar vorausgehende Abschnitt der vormilitärischen Ausbildung Jugendlicher („doprisywniki“).

[2]) Vgl. die Fußnote auf S. 22.

von Pflichten befreien, in der Absicht, selbst von ihnen Gebrauch zu machen oder andere von ihnen Gebrauch machen zu lassen, —

Freiheitsentziehung bis zu drei Jahren oder Besserungsarbeit bis zu einem Jahr.

Gebrauchmachen von gefälschten Urkunden in Kenntnis der Fälschung —

Freiheitzentziehung oder Besserungsarbeit bis zu sechs Monaten oder Geldstrafe bis zu hundert Rubeln.

73. Widerstand, der von einem einzelnen Bürger einem Vertreter der Staatsgewalt bei Ausübung der diesem durch das Gesetz auferlegten Pflichten geleistet wird, oder Nötigung des Vertreters der Staatsgewalt zur Ausführung offensichtlich ungesetzlicher Handlungen, wenn damit Anwendung von Gewalt gegen die Person des Vertreters der Staatsgewalt verbunden ist, —

Freiheitsentziehung nicht unter einem Jahr.

Widerstand gegen die Staatsgewalt ohne Anwendung von Gewalt —

Freiheitsentziehung oder Besserungsarbeit bis zu sechs Monaten oder Geldstrafe bis zu fünfhundert Rubeln.

73^1. Bedrohung von Beamten oder öffentlichen Funktionären mit Mord, Vernichtung von Vermögensstücken oder Gewaltanwendung in der Absicht, deren dienstliche oder öffentliche Tätigkeit zu unterbinden oder in ihrem Inhalte zugunsten des Drohenden zu ändern, zieht je nach den Umständen und der Art der Bedrohung nach sich —

Besserungsarbeit bis zu sechs Monaten oder Geldstrafe bis zu dreihundert Rubeln oder Entfernung aus dem derzeitigen Aufenthaltsort, mit oder ohne Zwangsansiedlung an einem anderen Ort, auf die Dauer bis zu drei Jahren.

Verabfolgung von Schlägen oder Verübung sonstiger Gewalttätigkeit, gerichtet gegen soziale Aktivisten, Stoßarbeiter im Betrieb oder Kolchosbauern im Zusammenhang mit deren sozialem Wirken oder beruflicher Tätigkeit, — falls diese Handlungen ihrem Charakter, den Umständen ihrer Begehung oder ihren Folgen nach nicht als terroristische Akte angesehen werden können, —

Freiheitsentziehung bis zu fünf Jahren. [25. März 1929 (GS Nr. 28, Art. 293); 20. Februar 1932 (GS Nr. 21, Art. 103)].

73^2. Anstiftung oder Heranziehung eines Minderjährigen zur Teilnahme an irgendwelchen Verbrechen sowie Nötigung eines Minderjährigen zur Beschäftigung mit Spekulation, Prostitution, Bettelei u. dgl. —

Freiheitsentziehung nicht unter fünf Jahren. [25. November 1935 (GS 1936 Nr. 1, Art. 1)].

74. Rowdyhafte†) Handlungen in Betrieben, Behörden oder an öffentlichen Orten — werden mit Gefängnis von einem Jahr bestraft, sofern diese Handlungen ihrem Charakter nach nicht eine schwerere Strafe nach sich ziehen. [16. August 1940 („Nachrichten der Sowjets der Deputierten der Werktätigen der UdSSR" Nr. 190 vom 17. August 1940)].

---

†) „Rowdy" ist hier für das russische „chuligan" gesetzt, das seinerseits dem Englischen („hooligan") entlehnt ist.

Bestehen die bezeichneten Handlungen in Randalieren oder ärgerniserregendem Verhalten, werden sie wiederholt begangen, trotz Warnung der für den Schutz der öffentlichen Ordnung verantwortlichen Organe fortgesetzt, oder zeichnet sich ihr Inhalt durch besonderen Zynismus oder besondere Unverfrorenheit aus, —

Freiheitsentziehung bis zu fünf Jahren. [10. Mai 1935 (GS Nr. 14, Art. 146)].

75. Nichtbefolgung einer gesetzmäßigen Anordnung oder Aufforderung eines auf Wache befindlichen militärischen Postens oder sonstiger obrigkeitlicher Organe, denen der Schutz der öffentlichen Ordnung und Sicherheit obliegt, —

Freiheitsentziehung oder Besserungsarbeit bis zu drei Monaten oder Geldstrafe bis zu dreihundert Rubeln.

75[1]. Verletzung der vom Volkskommissariat für Verkehrswege[1]) und seinen Organen zum Schutz der Ordnung und Sicherheit des Verkehrs, zum Schutz des Transportvermögens, zur Verhütung und Ahndung einer widerrechtlichen Transportbenutzung sowie zur Durchführung sanitärer und feuerverhütender Maßnahmen erlassenen Zwangsverordnungen†), wenn die Verletzung zu schweren Folgen geführt hat, —

Freiheitsentziehung bis zu drei Jahren oder Geldstrafe bis zu dreitausend Rubeln. [25. Juni 1929 (GS Nr. 50, Art. 513)].

75[2]. Verletzung der im Wege des Gesetzes oder durch Verordnung der zuständigen Behörden erlassenen Vorschriften zur Verhütung von Schiffszusammenstößen zur See und zum Schutz der Seetelegraphenkabel sowie der sonstigen den Seeverkehr regelnden Vorschriften außerhalb der Hafengewässer, wenn die Verletzung für den Täter kein Amts-(Dienst-) verbrechen darstellt, —

Geldstrafe bis zu dreihundert Rubeln und für den Fall, daß die Verletzung zu schweren Folgen geführt hat, — Freiheitsentziehung bis zu drei Jahren oder Geldstrafe bis zu dreitausend Rubeln. [25. Juni 1929 (GS Nr. 50, Art. 513)].

75[3]. Verletzung der Vorschriften über die Benutzung von Funkanlagen auf Schiffen der Union der SSR sowie auf fremden Schiffen, die sich in den Gewässern der Union der SSR befinden, —

Freiheitsentziehung bis zu zwei Jahren oder Geldstrafe bis zu zehntausend Rubeln. [15. Februar 1931 (GS Nr. 9, Art. 104)].

75[4]. Verletzung der im Luftfahrtgesetzbuch der Union der SSR enthaltenen und von der Hauptverwaltung der zivilen Luftflotte erlassenen Vorschriften über den Schutz der Ordnung und Sicherheit des Lufverkehrs und den Schutz des Vermögens der zivilen Luftflotte sowie der sanitären und Feuerverhütungsvorschriften der zivilen Luftflotte zieht, wenn diese Verletzung schwere Folgen gehabt hat oder hätte haben können und sich für den Täter nicht als Amtsverbrechen darstellt, nach sich —

Freiheitsentziehung bis zu drei Jahren oder Geldstrafe bis zu dreitausend Rubeln. [1. Dezember 1935 (GS Nr. 1, Art. 2)].

---

[1]) Jetzt Ministerium für Verkehrswege der UdSSR sowie Ministerium für Seeschiffahrt, Ministerium für Binnenschiffahrt und Hauptverwaltung für Chausseen (vgl. GS UdSSR 1932 Nr. 24, Art. 149).

†) S. Fußnote †) zu Art. 133.

76. Öffentliche Beleidigung eines Vertreters der Staatsgewalt bei Ausübung seiner Amtspflichten —

Freiheitsentziehung oder Besserungsarbeit bis zu sechs Monaten oder Geldstrafe bis zu fünfhundert Rubeln.

77. Eigenmächtige Anmaßung der Amtsbezeichnung oder der Amtsgewalt eines Beamten, die mit einer Diskreditierung des Sowjetregimes oder der Verübung von sozialgefährlichen Handlungen verbunden ist, —

Freiheitsentziehung bis zu zwei Jahren.

78. Entwendung, Beschädigung, Verheimlichung oder Vernichtung von amtlichen oder privaten Urkunden aus staatlichen Behörden in der Absicht, die richtige Erledigung bestimmter Angelegenheiten oder überhaupt das Funktionieren der Behörden zu hindern, —

Freiheitsentziehung bis zu einem Jahre.

Werden die gleichen Handlungen bezüglich besonders geheimer oder besonders wichtiger staatlicher Urkunden begangen, —

Freiheitsentziehung bis zu drei Jahren.

*79. Vorsätzliche Vernichtung oder Beschädigung von Vermögensgegenständen, die staatlichen Behörden und Unternehmen oder öffentlichen (genossenschaftlichen, gewerkschaftlichen u. dgl.) Verbänden gehören, wie etwa von elektrischen Leitungen, Verkehrsmitteln u. dgl., —

Freiheitsentziehung oder Besserungsarbeit bis zu einem Jahr.

Werden die gleichen Handlungen wiederholt begangen oder haben sie zu einer Stillegung oder Unterbrechung der Produktion oder zu einer sonstigen schweren Schädigung des Staates geführt, —

Freiheitsentziehung bis zu fünf Jahren, mit oder ohne Vermögenskonfiskation.

*79[1]. Abschlachtung und vorsätzliche Verstümmelung von Vieh sowie Anstiftung anderer Personen hierzu in der Absicht, die Kollektivierung zu unterhöhlen oder ihren Aufschwung zu hindern, —

Freiheitsentziehung bis zu zwei Jahren, mit oder ohne Ausweisung aus dem betreffenden Ort. [20. Januar 1930 (GS Nr. 3, Art. 26)].

*79[2]. Beschädigung oder Zerbrechen von Traktoren oder landwirtschaftlichen Maschinen, die Sowchosen, Maschinen-Traktoren-Stationen oder Kolchosen gehören, wenn die Beschädigung oder der Bruch durch verbrecherisch-nachlässiges Verhalten diesen Vermögensgegenständen gegenüber hervorgerufen ist, —

Besserungsarbeit bis zu sechs Monaten.

Werden die gleichen Handlungen wiederholt begangen oder haben sie einen großen Schaden zur Folge gehabt, —

Freiheitsentziehung bis zu drei Jahren. [20. März 1931 (GS Nr. 15, Art. 163)].

A n m e r k u n g. Sind die Beschädigung oder der Bruch geringfügig, so können an Stelle der gerichtlichen Verfolgung gemäß den Bestimmungen der Betriebsordnung Geldbußen auferlegt und im Rahmen der gesetzlichen Vorschriften Geldbeträge ⟨vom Arbeitsentgelt⟩ abgezogen werden. [20. März 1931 (GS Nr. 15, Art. 163)].

79³. Ungesetzliche (ohne Erlaubnis der Veterinäraufsichtsorgane vorgenommene) Schlachtung von Pferden, vorsätzliche Verstümmelung von Pferden und andere böswillige Handlungen, die das Verenden des Pferdes zur Folge gehabt oder es unbrauchbar gemacht haben, wenn diese Handlungen von Kulaken ⟨Großbauern⟩ oder privaten Aufkäufern begangen werden oder diese andere Personen zu solchen Handlungen anstiften, —

Freiheitsentziehung bis zu zwei Jahren, mit oder ohne Ausweisung.

Die gleichen Handlungen, begangen an Pferden, die Kolchosen, Sowchosen, Maschinen-Traktoren-Stationen oder anderen Anstalten oder Unternehmen des vergesellschafteten Sektors gehören, seitens des Personals der genannten Güter, Anstalten oder Unternehmen oder von Mitgliedern der Kolchose, —

Besserungsarbeit bis zu einem Jahr. [29. April 1932 (GS Nr. 68, Art. 304)].

***79⁴.** Verbrecherisch-nachlässige Behandlung von Pferden, insbesondere trächtigen Stuten, in Kolchosen, Sowchosen, Maschinen-Traktoren-Stationen oder Anstalten oder Unternehmen des vergesellschafteten Sektors, wenn infolge davon das Pferd verendet oder unbrauchbar geworden ist, —

Besserungsarbeit bis zu sechs Monaten.

Falls diese Handlungen einen systematischen Charakter tragen oder den Verlust einer erheblichen Anzahl von Pferden zur Folge gehabt haben, —

Freiheitsentziehung bis zu drei Jahren.

A n m e r k u n g. Wenn die nachlässige Behandlung die in diesem Artikel bezeichneten Folgen nicht gehabt hat, so können an Stelle der gerichtlichen Verfolgung gemäß den Bestimmungen der Betriebsordnung Disziplinarstrafen verhängt werden, verbunden mit der Auferlegung der Pflicht, den angerichteten Schaden zu ersetzen. [29. April 1932 (GS Nr. 68, Art. 304)].

80. Fahrlässige Beschädigung eines Seetelegraphenkabels, wenn sie die Unterbrechung des telegraphischen Verkehrs zur Folge hat haben können, —

Besserungsarbeit bis zu drei Monaten oder Geldstrafe bis zu dreihundert Rubeln.

81. Gesetzwidrige Befreiung eines Gefangenen aus dem Gewahrsam oder der Internierungsanstalt oder Beihilfe zu seiner Flucht —

Freiheitsentziehung bis zu einem Jahr.

Werden die gleichen Handlungen unter Anwendung von Gewalt gegen die Wache begangen, sind dieser jedoch schwere, lebensgefährliche Verletzungen dabei nicht zugefügt worden, —

Freiheitsentziehung bis zu drei Jahren.

Haben die gleichen Handlungen die im vorigen Absatz bezeichneten Folgen gehabt, —

Freiheitsentziehung bis zu zehn Jahren.

82. Flucht eines Gefangenen aus dem Gewahrsam oder der Internierungsanstalt —

Freiheitsentziehung bis zu drei Jahren.

Flieht der zur Verschickung Verurteilte aus dem Ort der Zwangsansiedlung oder auf dem Wege dorthin, oder entzieht er sich der ihm auferlegten Besserungsarbeit, —

Umwandlung der Verschickung in Freiheitsentziehung von der gleichen Dauer.

Eigenmächtige Rückkehr eines Ausgewiesenen an einen Ort, an dem ihm der Aufenthalt verboten ist, —

Umwandlung der Ausweisung in Freiheitsentziehung oder Verschickung von gleicher Dauer, wobei Verschickung nur an die Stelle einer für mindestens drei Jahre verhängten Ausweisung treten darf. [10. Juni 1931 (GS Nr. 30, Art. 266)].

Anmerkung. Die in Abs. 2 und 3 dieses Artikels vorgesehenen Maßnahmen kann das Gericht durch Beschluß im Rahmen der Urteilsvollstreckung (Art. 461 StPO) treffen. [10. Juni 1931 (GS Nr. 30, Art. 266)].

83. Einfache Konterbande —

Einziehung der geschmuggelten Waren und Geldstrafe, die auf Grund der Zollordnung[1]) im Verwaltungsverfahren verhängt werden.

Konterbande im Wiederholungsfall —

außer Einziehung der geschmuggelten Waren und Geldstrafe Ausweisung im Verwaltungsverfahren. [6. Juni 1927 (GS Nr. 49, Art. 330)].

84. Ausreise ins Ausland oder Einreise in die Union der SSR ohne den vorgeschriebenen Paß oder die Erlaubnis der zuständigen Behörden werden bestraft —

mit Einschließung in ein Lager auf die Dauer von einem bis zu drei Jahren. [10. November 1936 (GS Nr. 22, Art. 141)].

Anmerkung. Die Geltung dieses Artikels erstreckt sich nicht auf die Fälle, in denen die Einreise in die Union der SSR zwar ohne den vorgeschriebenen Paß oder die Erlaubnis zur zuständigen Behörden, jedoch in der Absicht erfolgt, das Asylrecht in Anspruch zu nehmen, das Artikel 12 der Verfassung der RSFSR[2]) den wegen ihrer politischen Betätigung oder religiösen Überzeugung verfolgten Ausländern einräumt.

84-a. Aufgehoben. [Dekret des Präsidiums des Obersten Sowjets der RSFSR vom 27. Juni 1947 („Mitteilungen des Obersten Sowjets der UdSSR" 1947 Nr. 29)].

84-b. Aufgehoben. [Dekret des Präsidiums des Obersten Sowjets der RSFSR vom 27. Juni 1947 („Mitteilungen des Obersten Sowjets der UdSSR" 1947 Nr. 29)].

85. Verletzung der zum Schutz der Wälder vor Forstdiebstahl und Waldfrevel erlassenen Bestimmungen, sofern der Wert des gesetzwidrig

---

[1]) Heute — Zollgesetzbuch der UdSSR (GS UdSSR 1929 Nr. 1, Art. 2).
[2]) Vgl. ⟨jetzt⟩ Art. 133 der Verfassung der RSFSR von 1937.

Erlangten oder die Höhe des der Forstwirtschaft zugefügten Schadens, gemessen an den für den betreffenden Ort geltenden Holzrichtpreisen, den Betrag von fünfzig Rubeln übersteigen, —

Besserungsarbeit bis zu sechs Monaten oder Geldstrafe bis zur dreifachen Höhe des Werts des gesetzwidrig erlangten, beschädigten oder zerstörten Holzes sowie obligatorische Einziehung des gesetzwidrig Erlangten.

Verletzung der zum Schutz der Wälder vor Forstdiebstahl und Waldfrevel erlassenen Bestimmungen in Stadt-, Vorort-, Park- oder Kurortwäldern, in Wäldern, die der Wassersicherung oder dem Ufer- oder Bodenschutz dienen, oder in den Wäldern, die sich innerhalb einer 50-Kilometer-Zone im Umkreis der Stadt Moskau befinden, sofern der Wert des gesetzwidrig Erlangten oder die Höhe des der Forstwirtschaft zugefügten Schadens, gemessen an den für den betreffenden Ort geltenden Holzrichtpreisen, den Betrag von hundert Rubeln übersteigen, —

Besserungsarbeit bis zu einem Jahr oder Geldstrafe bis zur zehnfachen Höhe des gesetzwidrig erlangten, beschädigten oder zerstörten Holzes sowie obligatorische Einziehung des gesetzwidrig Erlangten.

Die gleichen Handlungen, gewerbsmäßig begangen, gleichviel, wie hoch der Wert des gesetzwidrig Erlangten oder des der Forstwirtschaft zugefügten Schadens sind, —

Besserungsarbeit bis zu einem Jahr mit obligatorischer Einziehung des gesetzwidrig Erlangten und, falls die in Abs. 2 dieses Artikels aufgeführten Wälder betroffen sind, — Freiheitsentziehung bis zu zwei Jahren mit obligatorischer Einziehung des gesetzwidrig Erlangten.

Holzschlag innerhalb der verbotenen Waldbezirke im Bereich der Wassersicherungszone —

Freiheitsentziehung bis zu zwei Jahren mit obligatorischer Einziehung des gesetzwidrig Erlangten. [20. Oktober 1936 (GS Nr. 22, Art. 142)].

86. Ausübung von Fischerei, Tierfang und anderer auf die Ausbeutung der Naturschätze des Wassers gerichteten Gewerbe auf Meeren, Flüssen und Seen, an denen ein allgemeinstaatliches Interesse besteht, ohne die erforderliche Erlaubnis oder zu verbotenen Zeiten oder an verbotenen Stellen oder mit verbotenen Geräten, verbotenen Mitteln oder nach verbotenen Verfahren —

Freiheitsentziehung oder Besserungsarbeit bis zu einem Jahr oder Geldstrafe bis zu fünfhundert Rubeln. Die gesetzwidrige Beute muß in jedem Falle, Fanggeräte und die zur Ausübung des gesetzwidrigen Gewerbes dienenden Wasserfahrzeuge mit allem Zubehör können eingezogen werden.

Ausübung des Bärenrobben- und Seeotterfanges auf offener See, des Bärenrobbenfanges auch innerhalb der Dreimeilenzone, ferner, soweit besondere Vorschriften sie verbieten, Ausübung des Bärenrobben- und Seeotterfanges zu Lande, des Seeotterfanges auch innerhalb der Dreimeilenzone —

die gleichen Maßnahmen des sozialen Schutzes, mit der Maßgabe, daß Wasserfahrzeuge und Fanggeräte in diesen Fällen eingezogen werden müssen. [10. September 1928 (GS Nr. 121, Art. 758), 10. Januar 1931 (GS Nr. 5, Art. 52)].

86[1]. Ausübung der Jagd an verbotenen Stellen, zu verbotenen Zeiten, nach verbotenen Verfahren oder mit verbotenen Geräten —

Freiheitsentziehung oder Besserungsarbeit bis zu sechs Monaten oder Geldstrafe bis zu dreihundert Rubeln. Die Beute muß, die Jagdgeräte können eingezogen werden. [6. April 1928 (GS Nr. 47, Art. 355); 10. Mai 1932 (GS Nr. 41, Art. 179)].

87. Ausbeutung des Erdinnern unter Verletzung der einschlägigen Bestimmungen —

Freiheitsentziehung oder Besserungsarbeit bis zu sechs Monaten oder Geldstrafe bis zu fünfhundert Rubeln.

*87-a. Verletzung der Gesetze über die Verstaatlichung des Grund und Bodens in der offenen oder versteckten Form eines Kaufvertrags oder Kaufvorvertrags, einer Schenkung, einer Verpfändung oder eines eigenmächtigen Tauschs von Grundstücken, überhaupt jede ungesetzliche Veräußerung von Rechten auf werktätige Nutzung von Grund und Boden —

Freiheitsentziehung bis zu drei Jahren, verbunden mit Einziehung des Grundstücks, das Gegenstand des Vertrags war, vom Erwerber sowie des für dieses Grundstück erhaltenen Entgelts in Geld oder in einem sonstigen Vermögensvorteil und mit Entziehung des Rechts auf Zuteilung von Land auf die Dauer bis zu sechs Jahren.

Weiterverpachtung gepachteten Landes an einen anderen (Unterpacht) im Widerspruch zu den geltenden Gesetzen —

Freiheitsentziehung oder Besserungsarbeit bis zu einem Jahr oder Geldstrafe bis zu fünfhundert Rubeln, mit oder ohne Entziehung des Rechts auf Zuteilung von Land auf die Dauer bis zu sechs Jahren.

Wird die Weiterverpachtung (Unterpacht) von Land wiederholt oder zwar erstmalig, jedoch im Bezug auf zwei oder mehr Grundstücke begangen, die von werktätigen Landleuten gepachtet waren, —

Freiheitsentziehung bis zu zwei Jahren, mit oder ohne Entziehung des Rechts auf Zuteilung von Land auf die Dauer bis zu sechs Jahren. [26. März 1928 (GS Nr. 36, Art. 269)].

88. Verschweigung von Ehehindernissen sowie fälschliche Angaben vor den Beamten des Personenstandsregisters —

Freiheitsentziehung oder Besserungsarbeit bis zu einem Jahr oder Geldstrafe bis zu eintausend Rubeln.

89. Entfernung oder Beschädigung von Siegeln, die auf amtliche Anordnung zur Sicherung bestimmter Gegenstände oder Räumlichkeiten angelegt sind, —

Besserungsarbeit bis zu drei Monaten oder Geldstrafe bis zu dreihundert Rubeln.

*90. Verbotene Selbsthilfe, d. h. eigenmächtige unter Außerachtlassung der hierfür bestimmten staatlichen Einrichtungen betriebene Verfolgung eines bestehenden oder vermeintlichen, von dem Dritten aber bestrittenen Rechts, —

Besserungsarbeit bis zu sechs Monaten oder Geldstrafe bis zu fünfhundert Rubeln.

91. Widerrechtliche Beteiligung an Wahlen zu Sowjets oder Sowjetkongressen —

Besserungsarbeit bis zu sechs Monaten oder Geldstrafe bis zu fünfhundert Rubeln.

***91[1].** Hinderung von Lohnarbeitern auf dem Lande an der Ausübung der ihnen zustehenden Wahlrechte durch den Arbeitgeber —

Besserungsarbeit bis zu sechs Monaten oder Geldstrafe bis zu fünfhundert Rubeln.

Wird diese Handlung von dem Arbeitgeber gegen drei oder mehr Arbeiter oder zwar gegen eine geringere Anzahl von Arbeitern, jedoch wiederholt begangen, —

Besserungsarbeit bis zu einem Jahr oder Geldstrafe bis zu eintausend Rubeln. [28. Januar 1929 (GS Nr. 15, Art. 163)].

92. Nichterscheinen oder Aussageverweigerung eines von einem Organ des Ermittlungs- oder Untersuchungsverfahrens oder von einem gerichtlichen Organ vorgeladenen Zeugen sowie Verhinderung seines Erscheinens durch eine Person, von der er materiell oder dienstlich abhängig ist, —

Besserungsarbeit bis zu drei Monaten oder Geldstrafe bis zu hundert Rubeln.

Nichterscheinen eines von denselben Organen vorgeladenen Sachverständigen, Dolmetschers oder Beizeugen oder deren Weigerung, die ihnen obliegenden Pflichten zu erfüllen, sowie die Hinderung eines Volksrichters daran, zur Ausübung seiner Pflichten zu erscheinen, durch eine Person, von der er materiell oder dienstlich abhängig ist, —

Geldstrafe bis zu fünfzig Rubeln.

Umgehung der Erfüllung der Pflichten eines Volksrichters —

Geldstrafe bis zu fünfzig Rubeln.

93. Hissung der Flagge der Union der SSR auf einem Hochseehandelsschiff ohne gesetzliches Recht auf diese Flagge —

Freiheitsentziehung bis zu einem Jahr. Daneben kann auf Einziehung des Schiffes oder eine Geldstrafe erkannt werden, deren Höhe den vollen Wert des Schiffes nicht übersteigen darf.

Kauf oder Verkauf eines Hochseehandelsschiffes, das die Flagge der Union der SSR führt, ohne Erlaubnis der zuständigen Behörde —

Freiheitsentziehung bis zu einem Jahr, verbunden mit Einziehung des Schiffes oder Geldstrafe in Höhe seines Wertes, oder Geldstrafe bis zu eintausend Rubeln.

94. Widerrechtliche Benutzung des durch das internationale Genfer Abkommen von 1906 festgelegten Wahr- und Erkennungszeichens des militärischen Sanitätsdienstes (Rotes Kreuz und Roter Halbmond) sowie Gebrauch der Bezeichnungen „Rotes Kreuz“ und „Roter Halbmond“ zu

Handelszwecken, als Fabrik- und Handelszeichen oder überhaupt zur Erlangung von irgendwelchen persönlichen Vorteilen —

Freiheitsentziehung bis zu einem Jahr, verbunden mit teilweiser Vermögenskonfiskation, oder Geldstrafe bis zu eintausend Rubeln.

95. Wissentlich falsche Anzeige bei einem gerichtlichen Untersuchungsorgan oder einem sonstigen zur Einleitung einer Strafverfolgung ermächtigten Beamten sowie die wissentlich falsche Aussage eines Zeugen, Sachverständigen oder Dolmetschers im Ermittlungs-, Untersuchungs- oder gerichtlichen Erkenntnisverfahren —

Freiheitsentziehung oder Besserungsarbeit bis zu drei Monaten.

Wissentlich falsche Anzeige oder Aussage, verbunden mit: a) der Beschuldigung eines schweren Verbrechens, b) eigennützigen Absichten, c) künstlicher Schaffung von Anklagebeweismitteln. —

Freiheitsentziehung bis zu zwei Jahren.

96. Bekanntgabe von Ergebnissen einer Voruntersuchung, eines Ermittlungs- oder Nachprüfungsverfahrens ohne Erlaubnis des Staatsanwalts, Untersuchungsrichters oder des Beamten, dem die Ermittlung oder Nachprüfung obliegt, —

Freiheitsentziehung bis zu sechs Monaten oder Geldstrafe bis zu fünfhundert Rubeln.

97. Erhebung einer höheren als der von den zuständigen Behörden festgesetzten Wohnungsmiete von den in Art. 156 des Zivilgesetzbuchs[1]) vorgesehenen Kategorien der Werktätigen sowie deren Zwangsausweisung, soweit diese nicht auf einem gerichtlichen Urteil beruht oder nach dem Sondergesetz für die von Behörden und Unternehmen belegten Häuser als Verwaltungsmaßnahme zulässig ist, —

Besserungsarbeit bis zu drei Monaten oder Geldstrafe bis zu fünfhundert Rubeln.

98. Verkauf und Kauf von Wohnungen und Zimmern, d. h. Annahme und Hingabe einer über den Mietzins hinausgehenden Zahlung für die Überlassung von Wohnfläche auf kommunalisierten oder verstaatlichten Stadtgrundstücken, mit Ausnahme der mit dem Recht zur Bebauung überlassenen Grundstücke, —

Geldstrafe bis zur fünffachen Höhe der verabredeten Zahlung.

99. Herstellung, Aufbewahrung und Ankauf zwecks Absatzes sowie gewerbsmäßig betriebener Absatz von Waren, Materialien und Erzeugnissen, hinsichtlich derer ein besonderes Verbot oder eine besondere Beschränkung besteht, —

Freiheitsentziehung bis zu zwei Jahren, verbunden mit Vermögenskonfiskation und Handelsverbot.

99^{1}. Aufkaufen von rohen Fischen zum Weiterverkauf oder zur Verarbeitung zwecks Absatzes ohne die erforderliche Erlaubnis sowie gewerbsmäßige Verarbeitung von rohen Fischen außerhalb der hierfür konzessionierten Fischverarbeitungsanstalten in Mengen, die die für die einzelnen Fischereigewerbebezirke festgesetzten Maße übersteigen, —

---

[1]) Bei Anwendung des Art. 97 ist die Aufhebung des Art. 156 des ZGB zu beachten (GS 1938 Nr. 12, Art. 163).

Freiheitsentziehung bis zu zwei Jahren, verbunden mit Einziehung der gesetzeswidrig aufgekauften oder verarbeiteten Fische. [10. Februar 1930 (GS Nr. 7, Art. 86)].

100. Verletzung der Vorschriften über Akzisen oder besondere Patentgebühren[1]) —

Besserungsarbeit bis zu einem Jahr oder Geldstrafe bis zu eintausend Rubeln, in beiden Fällen verbunden mit Einziehung der akzisepflichtigen Gegenstände, Herstellungsgeräte und Rohstoffe, soweit für sie die Gebühren nicht in voller Höhe entrichtet worden sind, es sei denn, daß die bezeichneten Verstöße auf Grund gesetzlicher Bestimmung der Verfolgung im Verwaltungsverfahren unterliegen.

101. Herstellung von Wein, Branntwein und überhaupt von Spirituosen oder alkoholhaltigen Stoffen in der Absicht, sie abzusetzen, ohne die erforderliche Erlaubnis oder mit einem Alkoholgehalt, der den gesetzlich vorgeschriebenen Grad übersteigt, sowie der Absatz solcher Getränke oder Stoffe oder deren gesetzwidrige Aufbewahrung in der Absicht, sie abzusetzen, —

Freiheitsentziehung bis zu einem Jahr, mit oder ohne Konfiskation eines Teils des Vermögens.

***102.** Herstellung und Aufbewahrung von Hausbranntwein†) in der Absicht, ihn abzusetzen, sowie der gewerbsmäßig betriebene Handel damit —

Freiheitsentziehung oder Besserungsarbeit bis zu einem Jahr oder Geldstrafe bis zu fünfhundert Rubeln, verbunden mit Einziehung des Hausbranntweins und der Herstellungsgeräte.

Herstellung und Aufbewahrung von Hausbranntwein ohne die Absicht, ihn abzusetzen, sowie nicht gewerbsmäßig betriebener Absatz —

Besserungsarbeit bis zu einem Monat oder Geldstrafe bis zu hundert Rubeln, die gemäß einer beonderen Verordnung des WZIK und des SNK der RSFSR im Verwaltungsverfahren verhängt werden. [16. Januar 1928 (GS Nr. 10, Art. 92)][2]).

***103.** Herstellung, Aufbewahrung, Ausbesserung oder gewerbsmäßig betriebener Absatz von Apparaten, die speziell zur Herstellung von Hausbranntwein bestimmt sind, —

Freiheitsentziehung oder Besserungsarbeit bis zu einem Jahr oder Geldstrafe bis zu fünfhundert Rubeln[2]).

Werden die gleichen Handlungen nicht gewerbsmäßig begangen, —

Besserungsarbeit bis zu einem Monat oder Geldstrafe bis zu hundert Rubeln, die gemäß einer besonderen Verordnung des WZIK und SNK der RSFSR im Verwaltungsverfahren verhängt werden. [16. Januar 1928 (GS Nr. 10, Art. 92)].

104. Herstellung und Aufbewahrung zum Zwecke des Absatzes sowie Absatz von Kokain, Opium, Morphium, Äther und anderen Betäubungsmitteln ohne die erforderliche Erlaubnis —

---

[1]) Die Akzisen und Patentgebühren sind abgeschafft worden.

†) Russisch: „samogon".

[2]) Vgl. ⟨jetzt⟩ Dekret des Präsidiums des Obersten Sowjets der UdSSR vom 7. April 1948 (unten S. 79).

Freiheitsentziehung oder Besserungsarbeit bis zu einem Jahr, mit oder ohne Konfiskation eines Teils des Vermögens.

Die gleichen Handlungen, gewerbsmäßig begangen, sowie die Unterhaltung von Schlupfwinkeln, in denen die in diesem Artikel bezeichneten Stoffe abgesetzt oder genossen werden, —

Freiheitsentziehung bis zu drei Jahren, verbunden mit Konfiskation des gesamten Vermögens.

105. Verletzung der Vorschriften, die den Handel regeln, sofern diese nicht eine Verfolgung im Verwaltungsverfahren vorsehen, —

Besserungsarbeit bis zu einem Jahr oder Geldstrafe bis zu zweitausend Rubeln.

Begehung von Handlungen, die durch Gesetz oder Anstaltssatzung verboten sind, seitens einer Person, die dem Verwaltungsorgan einer genossenschaftlichen oder Kreditanstalt angehört, —

Besserungsarbeit bis zu sechs Monaten oder Geldstrafe bis zu fünfhundert Rubeln.

106. Aufbewahrung und Absatz von ungeeichten Erzeugnissen aus Gold, Silber oder Platin in einem Handelsbetrieb —

Geldstrafe, deren Höhe mindestens das Zehnfache der Eichgebühr für die Prüfung und Stempelung der aufgefundenen Erzeugnisse beträgt, sowie Einziehung dieser Erzeugnisse.

106-a. Umschmelzen von staatlichen Scheidemünzen (aus Silber, Nickel, Kupfer oder Bronze) in Barren sowie Benutzung solcher Münzen zur Herstellung irgendwelcher Erzeugnisse —

Freiheitsentziehung bis zu drei Jahren, verbunden mit Einziehung der betreffenden Barren und Erzeugnisse.

Im Falle gewerbsmäßiger Begehung dieser Handlungen —

Freiheitsentziehung nicht unter drei Jahren, verbunden mit Konfiskation des gesamten Vermögens des Verurteilten. [10. Juni 1935 (GS Nr. 17, Art. 168)].

***107.** Aufkauf und Wiederverkauf von landwirtschaftlichen Erzeugnissen und Gegenständen des Massenverbrauchs zu Profitzwecken (Spekulation) durch Privatpersonen —

Freiheitsentziehung nicht unter fünf Jahren, verbunden mit völliger oder teilweiser Vermögenskonfiskation. [10. November 1932 (GS Nr. 87, Art. 385)].

108. Nichtbefolgung oder Verletzung der durch Gesetz oder behördliche Anordnung festgesetzten Bauregeln, Gesundheits- oder Feuerverhütungsbestimmungen bei der Ausführung von Bauarbeiten sowie Nichtbefolgung oder Verletzung der gesetzlichen Bestimmungen, die den Schutz der Sicherheit und Ordnung bei der Arbeit im Bergbau regeln, sofern dies zu schweren Folgen geführt hat, —

Freiheitsentziehung bis zu drei Jahren oder Geldstrafe bis zu dreitausend Rubeln.

Haben die gleichen Handlungen die bezeichneten Folgen nicht gehabt, —

Besserungsarbeit bis zu einem Monat oder Geldstrafe bis zu hundert Rubeln, die im Verwaltungsverfahren verhängt werden.

108[1]. Verletzung der technischen Betriebsregeln, der betrieblich-technischen Disziplin oder der Arbeitsbedingungen, die der Sicherheit im Betriebe dienen, sowie Rauchen, Erscheinen im betrunkenen Zustand oder Schlafen während der Arbeit in explosionsgefährlichen Betrieben —

Freiheitsentziehung bis zu drei Jahren.

Haben die gleichen Handlungen eine Explosion oder einen Brand zur Folge gehabt, —

Freiheitsentziehung nicht unter drei Jahren.

Verletzung der technischen Betriebsregeln oder der Arbeitsbedingungen in explosionsgefährlichen Betrieben durch Personen, die für die Einhaltung der vorgeschriebenen betrieblich-technischen Disziplin verantwortlich sind, —

Freiheitsentziehung bis zu fünf Jahren.

Haben die gleichen Handlungen eine Explosion oder einen Brand zur Folge gehabt, —

Freiheitsentziehung nicht unter fünf Jahren. [10. Oktober 1935 (GS Nr. 21, Art. 206)].

Drittes Kapitel

Amts(Dienst)verbrechen

109. Mißbrauch der Amtsgewalt oder der Dienststellung, d. h. solche Handlungen eines Beamten, die er allein kraft seines Amtes vornehmen kann und die, ohne durch Erwägungen dienstlicher Notwendigkeit veranlaßt zu sein, zu einer offensichtlichen Störung der geregelten Tätigkeit der Behörde oder Unternehmung geführt oder ihr einen Vermögensschaden zugefügt oder eine Störung der öffentlichen Ordnung oder Verletzung der durch die Gesetze geschützten Rechte und Interessen der einzelnen Bürger zur Folge gehabt haben, zieht, wenn diese Handlungen von dem Beamten systematisch oder in der Absicht, sich zu bereichern, oder aus sonstigem persönlichen Interesse vorgenommen werden, oder wenn sie schwere Folgen zwar nicht gehabt haben, aber, wie der Beamte erkennt, hätten haben können, nach sich —

Freiheitsentziehung nicht unter sechs Monaten.

Anmerkung 1. Unter Beamten sind Personen zu verstehen, die dauernde oder zeitweilige Ämter in einer staatlichen (Sowjet-)Behörde oder Unternehmung oder in einer Organisation oder Vereinigung inne haben, der zur Verwirklichung von wirtschaftlichen, administrativen, gewerkschaftlichen oder anderen allgemeinstaatlichen Aufgaben durch Gesetz bestimmte Pflichten auferlegt, bestimmte Rechte und Vollmachten verliehen sind.

Anmerkung 2. Gewerkschaftsbeamte haften für die von ihnen begangenen Dienstverbrechen (Unterschlagung, Bestechung usw.), wenn sie auf Beschluß der Gewerkschaften zur Verantwortung gezogen werden, wie für Amtsverbrechen.

110. Überschreitung der Amtsgewalt oder der Dienstvollmachten, d. h. Vornahme von Handlungen, die offensichtlich über den Rahmen der dem Täter gesetzlich gewährten Rechte und Vollmachten hinausgehen, bei Vorliegen der im vorigen Artikel vorgesehenen Merkmale —

Freiheitsentziehung nicht unter sechs Monaten.

Ist die Überschreitung der Amtsgewalt oder der Vollmachten außerdem mit Gewalt, Anwendung von Waffen oder quälenden und die persönliche Würde des Betroffenen verletzenden Handlungen verbunden, —

Freiheitsentziehung nicht unter zwei Jahren. [31. Oktober 1927 (GS Nr. 110, Art. 737)].

***111.** Amtsuntätigkeit, d. h. Nichtvornahme von Handlungen seitens eines Beamten, die vorzunehmen er dienstlich verpflichtet wäre, bei Vorliegen der in Art. 109 vorgesehenen Merkmale, sowie Pflichtvergessenheit im Dienst, d. h. eine nachlässige oder gewissenlose Einstellung den Dienstpflichten gegenüber, die zu Bürokratismus, Verzögerungen im Geschäftsgang und in der Rechnungslegung oder zu sonstigen Pflichtversäumnissen geführt hat, bei Vorliegen derselben Merkmale, —

Freiheitsentziehung bis zu drei Jahren.

111-a. Mitwirkung bei der Bildung von Scheingenossenschaften oder Förderung ihrer weiteren Tätigkeit seitens derjenigen Staats- oder Genossenschaftsbeamten, denen die Registrierung von Genossenschaften und die nachfolgende Kontrolle ihrer Tätigkeit obliegt, sowie jegliche Unterstützung solcher Scheingenossenschaften (durch bevorzugte Behandlung bei der Belieferung mit Materialien und Waren, bei der Pachtzinsenentrichtung usw.) seitens sonstiger Beamten, sofern der betreffende Beamte sich zwar einen Mißbrauch der Amtsgewalt, Amtsuntätigkeit oder Pflichtvergessenheit im Dienst hat zu schulden kommen lassen, jedoch ohne die Absicht, sich zu bereichern, oder ohne sonstiges persönliches Interessee gehandelt hat, —

Freiheitsentziehung nicht unter sechs Monaten.

Werden die gleichen Handlungen in der Absicht, sich zu bereichern, oder aus sonstigem persönlichen Interesse begangen, —

Freiheitsentziehung nicht unter zwei Jahren. [9. September 1929 GS Nr. 72, Art. 705)].

112. Mißbrauch oder Überschreitung der Amtsgewalt, Amtsuntätigkeit oder Pflichtvergessenheit im Dienst, wenn sie ein Versagen des von dem Beamten geleiteten zentralen Verwaltungs- bzw. staatswirtschaftlichen Produktions-, Handels-, Kredits- oder Transportapparates zur Folge gehabt haben, —

Freiheitsentziehung nicht unter zwei Jahren.

Alle übrigen Fälle des Mißbrauchs der Amtsgewalt oder Dienststellung, der Überschreitung der Amtsgewalt oder Dienstvollmachten, der Amtsuntätigkeit oder Pflichtvergessenheit im Dienst, wenn sie nicht unter die Merkmale dieses oder der vorhergehenden Artikel (Art. 109—111) fallen, —

Besserungsarbeit bis zu einem Monat oder Amtsenthebung oder Entziehung des Rechts, ein leitendes oder verantwortliches Amt zu bekleiden, bis zu zwei Jahren oder Auferlegung der Verpflichtung, den angerichteten Schaden wiedergutzumachen oder öffentlicher Tadel. [28. Mai 1928 (GS Nr. 139, Art. 907)].

Anmerkung 1. Die Geltung des zweiten Absatzes dieses Artikels erstreckt sich nicht auf diejenigen Pflichtversäumnisse und Vergehen im Dienst, die ihrer Bedeutung nach die Anwendung von Maßnahmen des sozialen Schutzes nicht erfordern und eine disziplinarische Verantwortlichkeit im Dienstaufsichtswege nach sich ziehen. [28. Mai 1928 (GS Nr. 139, Art. 907)].

Anmerkung 2. Im Falle der Verurteilung wegen eines der im zweiten Absatz dieses Artikels vorgesehenen Verbrechen kann das Gericht die dort aufgeführten Maßnahmen des sozialen Schutzes auch miteinander verbinden. [28. Mai 1928 (GS Nr. 139, Art. 907)].

113. Diskreditierung des Amts, d. h. Begehung solcher Handlungen seitens eines Beamten, die zwar mit seinen Dienstpflichten nicht zusammenhängen, jedoch offensichtlich der Würde und der Autorität der von dem Beamten vertretenen Behörde in den Augen der Werktätigen Abbruch tun, —

Freiheitsentziehung bis zu zwei Jahren oder die in Art. 112 Abs. 2 aufgeführten Maßnahmen des sozialen Schutzes. [29. Mai 1928 (GS Nr. 139, Art. 907)].

114. Fällung eines unrichtigen Urteils†) oder Beschlusses durch den Richter in der Absicht, sich zu bereichern, oder aus sonstigen persönlichen Beweggründen —

Freiheitsentziehung nicht unter zwei Jahren. [31. Oktober 1927 (GS Nr. 110, Art. 737)].

115. Ungesetzliche Festnahme oder ungesetzliche Vorführung —

Freiheitsentziehung bis zu einem Jahr.

Nötigung zur Aussage bei der Vernehmung durch Anwendung ungesetzlicher Mittel seitens des Vernehmenden sowie Verhaftung als Sicherungsmaßnahme aus persönlichen Beweggründen oder in der Absicht, sich zu bereichern, —

Freiheitsentziehung bis zu fünf Jahren.

116. Von einem Beamten oder einer Person, die irgendwelche Pflichten im Auftrag einer staatlichen oder öffentlichen Behörde erfüllt, begangene Unterschlagung††) von Geldern, Werten oder sonstigen Vermögensgegenständen, die ihnen kraft ihrer Dienststellung oder zwecks Erfüllung ihrer Pflichten zur Verfügung stehen, —

Freiheitsentziehung bis zu drei Jahren.

Sind die vorbezeichneten Personen im Besitz besonderer Vollmachten oder werden besonders wichtige staatliche Werte unterschlagen, —

---

†) Der russische Text unterscheidet durch je eine besondere Bezeichnung zwischen Straf- und Zivilurteil.

††) Der russische Text verwendet hierfür zwei Bezeichnungen, von denen die eine (priswojenije) Aneignung durch Behalten, die andere (rastrata) Aneignung durch Veräußerung oder Verbrauch des Gegenstands bedeutet. An anderer Stelle (Art. 168) wird „priswojenije" als Oberbegriff für beide Formen der Aneignung gebraucht.

Freiheitsentziehung nicht unter zwei Jahren, verbunden mit Vermögenskonfiskation. [31. Oktober 1927 (GS Nr. 110, Art. 737)][1]).

***117.** Persönliche oder durch eine Mittelsperson vermittelte Annahme von Bestechungsmitteln in irgendeiner Form durch einen Beamten als Entgelt für die im Interesse des Gebenden liegende Vornahme oder Unterlassung irgendeiner Handlung, die der Beamte ausschließlich kraft seiner Amtsstellung erfüllen kann oder muß, —

Freiheitsentziehung bis zu zwei Jahren.

Wenn die Annahme von Bestechungsmitteln unter erschwerenden Umständen erfolgt, wie z. B.: a) bei verantwortlicher Stellung des die Bestechungsmittel annehmenden Beamten, b) nach vorausgegangener Verurteilung wegen Bestechlichkeit sowie bei wiederholter Annahme von Bestechungsmitteln, c) durch Erpressung seitens des das Bestechungsmittel Annehmenden, —

Freiheitsentziehung nicht unter zwei Jahren, verbunden mit Vermögenskonfiskation. [31. Oktober 1927 (GS Nr. 10, Art. 737)].

***118.** Hingabe von Bestechungsmitteln und Vermittlung bei der Bestechung —

Freiheitsentziehung bis zu fünf Jahren.

Anmerkung. Die unter diesen Artikel fallenden Personen werden dann nicht zur Verantwortung gezogen, a) wenn die Bestechung von ihnen erpreßt worden ist und b) sie unverzüglich nach Hingabe des Bestechungsmittels freiwillig von dem Geschehenen Anzeige erstatten.

119. Anreizung zur Bestechung, d. h. bewußte Schaffung von Umständen und Bedingungen, die zu dem Angebot oder der Annahme von Bestechungsmitteln führen, durch einen Beamten in der Absicht, den das Bestechungsmittel Gebenden oder Nehmenden zu überführen, —

Freiheitsentziehung bis zu zwei Jahren.

***120.** Urkundenfälschung im Amt, d. h. von einem Beamten in der Absicht, sich zu bereichern, vorgenommene Eintragung von wissentlich unrichtigen Tatsachen in amtliche Urkunden, von ihm darin vorgenommene Fälschungen, Rasuren oder Falschdatierungen sowie Herstellung und Ausgabe von wissentlich unrichtigen Urkunden oder Vornahme wissentlich unrichtiger Eintragungen in Büchern, —

Freiheitsentziehung bis zu zwei Jahren.

Die gleichen Handlungen, ohne Bereicherungsabsicht begangen, —

die in Art. 112 Abs. 2 aufgeführten Maßnahmen des sozialen Schutzes. [28. Mai 1928 (GS Nr. 139, Art. 907)].

121. Verbreitung, Mitteilung, Weitergabe oder zwecks Weitergabe vorgenommene Sammlung von Nachrichten, deren Bekanntgabe nicht gestattet ist, durch einen Beamten —

Freiheitsentziehung bis zu drei Jahren oder die in Art. 112 Abs. 2 aufgeführten Maßnahmen des sozialen Schutzes. [28. Mai 1928 (GS Nr. 139, Art. 907)].

---

[1]) Vgl. dazu das Dekret des Präsidiums des Obersten Sowjets der UdSSR vom 4. Juni 1947 (unten S. 72) und den Plenarbeschluß des Obersten Gerichtshofs der UdSSR vom 22. August 1947 Nr. 12/6 (unten S. 73).

Viertes Kapitel

Verletzung der Bestimmungen über die Trennung von Kirche und Staat

122. Erteilung von Religionsunterricht an Kinder oder Minderjährige in staatlichen oder privaten Lehranstalten und Schulen oder unter Verletzung der hierfür erlassenen Bestimmungen —

Besserungsarbeit bis zu einem Jahr.

123. Vornahme von Täuschungshandlungen in der Absicht, bei den Massen der Bevölkerung Aberglauben zu erregen und sich auf diese Weise Vorteile irgendwelcher Art zu verschaffen, —

Besserungsarbeit bis zu einem Jahr, verbunden mit teilweiser Vermögenskonfiskation, oder Geldstrafe bis zu fünfhundert Rubeln.

124. Zwangserhebung von Abgaben zugunsten von kirchlichen oder religiösen Gruppen —

Besserungsarbeit bis zu sechs Monaten oder Geldstrafe bis zu dreihundert Rubeln.

125. Anmaßung von administrativen, gerichtlichen oder sonstigen öffentlich-rechtlichen Funktionen und Rechten juristischer Personen durch religiöse oder kirchliche Organisationen —

Besserungsarbeit bis zu sechs Monaten oder Geldstrafe bis zu dreihundert Rubeln.

126. Vornahme religiöser Kulthandlungen in staatlichen oder öffentlichen Behörden oder Unternehmen sowie Anbringen von religiösen bildlichen Darstellungen jeglicher Art in diesen Behörden oder Unternehmen —

Besserungsarbeit bis zu drei Monaten oder Geldstrafe bis zu dreihundert Rubeln.

127. Behinderung der Ausübung religiöser Kulthandlungen, soweit diese nicht die öffentliche Ordnung stören und nicht mit einem Eingriff in die Rechte der Bürger verbunden sind, —

Besserungsarbeit bis zu sechs Monaten.

Fünftes Kapitel

Wirtschaftsverbrechen

128. Unwirtschaftliches Verhalten von Personen, die an der Spitze von staatlichen oder öffentlichen Behörden oder Unternehmen stehen, oder deren Bevollmächtigter, das auf einer nachlässigen oder gewissenlosen Einstellung dieser Personen zu der ihnen anvertrauten Aufgabe beruht und zu einer Vergeudung oder nicht wieder gut zu machenden Schädigung des Vermögens der Behörden oder Unternehmen geführt hat, —

Freiheitsentziehung bis zu zwei Jahren oder Besserungsarbeit bis zu einem Jahr. [28. Mai 1928 (GS Nr. 139, Art. 907)].

***128-a.** Für die Auslieferung von Industrieerzeugnissen schlechter Qualität oder von unvollständigen Industrieerzeugnissen sowie für die Auslieferung von Erzeugnissen, die von der vorgeschriebenen Norm abweichen, — werden die Direktoren, die leitenden Ingenieure und die Leiter der Abteilungen für technische Kontrolle der Industrieunternehmen wie für ein Staatsverbrechen, das der Schädlingsarbeit gleichsteht, mit Gefängnis von 5 bis zu 8 Jahren bestraft. [Dekret des Präsidiums des Obersten Sowjets der RSFSR vom 16. November 1940]

Massenweise oder systematische Auslieferung von Erzeugnissen schlechter Qualität durch Handelsunternehmen —

Freiheitsentziehung bis zu fünf Jahren oder Besserungsarbeit bis zu einem Jahr. [10. Februar 1934 (GS Nr. 9, Art. 51)].

128-b. Aufgehoben. [Dekret des Präsidiums des Obersten Sowjets der RSFSR vom 16. November 1940].

***128-c.** Übervorteilung der Käufer durch falsches Wiegen oder Messen, Benutzung falscher Waagen oder Gewichte oder sonstiger unrichtiger Meßgeräte beim Verkauf, Verletzung der für Waren des Massenverbrauchs festgesetzten Einzelhandelspreise in Geschäften, Läden, Verkaufsständen, Speisehäusern, Erfrischungsräumen u. dgl., Verkauf von Waren niedrigster Sorte zum Preis für die höchste, Verheimlichung der laut Preisverzeichnis vorgesehenen Warenpreise vor den Käufern —

wird als Diebstahl am Verbraucher und als Betrug am Sowjetstaat mit Freiheitsentziehung bis zu zehn Jahren bestraft. [10. September 1934 (GS Nr. 35, Art. 216)].[1])

128-d. Ausgabe von Anleihen und Obligationen jeglicher Art, anderer Arten von Wertpapieren sowie von Bons und anderen Geldsurrogaten durch Behörden, Unternehmen und Organisationen — ⟨zieht⟩ für die Leiter dieser Behörden, Unternehmen und Organisationen ⟨nach sich⟩ —

Freiheitsentziehung bis zu fünf Jahren.

Herstellung der genannten Wertpapiere und Geldsurrogate durch Druckereien, Lithographier-, Glasplatten-Vervielfältigungs-, Gravieranstalten u. dgl. — ⟨zieht⟩ für deren Leiter ⟨nach sich⟩ —

Freiheitsentziehung bis zu drei Jahren.

Annahme der genannten Wertpapiere oder Geldsurrogate als Zahlung an Geldesstatt in Geschäften, Läden, Verkaufsständen und anderen Kleinhandelsbetrieben — ⟨zieht⟩ für die Leiter und Kassierer dieser Betriebe ⟨nach sich⟩ —

Freiheitsentziehung bis zu drei Jahren. [20. Juni 1935 (GS Nr. 17, Art. 169)].

129. Veruntreuung von staatlichem oder öffentlichem Vermögen, insbesondere mittels Abschlusses von unvorteilhaften Verträgen durch den Leiter einer staatlichen oder öffentlichen Behörde oder Unternehmung, begangen auf Verabredung mit den Kontrahenten dieser Behörden und Unternehmungen, —

Freiheitsentziehung nicht unter einem Jahr, verbunden mit völliger oder teilweiser Vermögenskonfiskation, oder ohne solche.

129-a. Gründung und Leitung der Tätigkeit von Scheingenossenschaften, d. h. solchen Organisationen, die sich in die Form einer Ge-

---

[1]) In Kraft getreten ab 6. August 1934 (dem Tag der Veröffentlichung der VO des ZIK und SNK der UdSSR vom 25. Juli 1934 über die Ergänzung der Strafgesetzbücher der Unionsrepubliken durch einen Artikel über die Verantwortlichkeit für Diebstahl am Verbraucher und Betrug am Sowjetstaat — GS UdSSR Nr. 41, Art. 325).

nossenschaft kleiden, um in den Genuß der den Genossenschaften eingeräumten Vorteile und Vorrechte zu gelangen, in Wahrheit jedoch Privatunternehmen darstellen und dem Interesse der in ihnen vorherrschend vertretenen kapitalistischen Elemente dienen, —

Freiheitsentziehung bis zu fünf Jahren, verbunden mit völliger oder teilweiser Vermögenskonfiskation.

Teilnahme an der Arbeit scheingenossenschaftlicher Organisationen seitens Personen, die sich bewußt sind, daß die fragliche Organisation eine Scheingenossenschaft darstellt, und aus dieser Teilnahme einen Unternehmergewinn ziehen oder bewußt zur Verdeckung des wahren Charakters der betreffenden Organisation beitragen, —

Freiheitsentziehung bis zu zwei Jahren oder Besserungsarbeit bis zu einem Jahr. [9. September 1928 (GS Nr. 72, Art. 705)].

130. Verschwendung von vertragsmäßig überlassenem staatlichen oder öffentlichen Vermögen durch einen Pächter oder einen Bevollmächtigten einer juristischen Person —

Freiheitsentziehung nicht unter sechs Monaten, verbunden mit Auflösung des Vertrages und völliger oder teilweiser Vermögenskonfiskation.

131. Nichterfüllung von Verpflichtungen aus Verträgen mit einer staatlichen oder öffentlichen Behörde oder Unternehmung, wenn sich im Zivilprozeß der böswillige Charakter der Nichterfüllung herausstellt, —

Freiheitsentziehung nicht unter sechs Monaten, verbunden mit völliger oder teilweiser Vermögenskonfiskation.

132. Begehung der in Art. 128—131 dieses Gesetzbuchs vorgesehenen Handlungen während des Krieges oder anläßlich der Lieferung von Ausrüstungsgegenständen an die Rote Armee und Flotte, wenn sich das auf deren Kampffähigkeit auswirken konnte, —

Freiheitsentziehung nicht unter zwei Jahren. [31. Oktober 1927 (GS Nr. 110, Art. 737)].

133. Verletzung von Gesetzen, die die Verwendung von Arbeitskräften, den Schutz der Arbeit und die Sozialversicherung regeln, durch einen privaten Arbeitgeber oder entsprechende Organe staatlicher oder öffentlicher Behörden oder Unternehmen —

Besserungsarbeit bis zu sechs Monaten oder Geldstrafe bis zu dreihundert Rubeln.

Wenn diese Verletzung sich gegen eine Mehrheit von mindestens drei Arbeitern richtet und gegenüber jedem von ihnen in gleicher Weise und gleichzeitig begangen wird, —

Freiheitsentziehung oder Besserungsarbeit bis zu einem Jahr oder Geldstrafe bis zu zehntausend Rubeln.

Die Arbeitsschutz-Bestimmungen verletzende Verwendung eines Arbeiters unter Arbeitsbedingungen, bei denen dieser seine Arbeitsfähigkeit verloren hat oder hätte verlieren können, —

Freiheitsentziehung bis zu zwei Jahren oder Besserungsarbeit bis zu einem Jahr oder Geldstrafe bis zu fünfhundert Rubeln.

Verletzung der von den örtlichen Staatsorganen im Wege der Zwangsverordnung†), von dem Volkskommissariat für Arbeit[1]) in der Form von Verordnungen, Anordnungen und Instruktionen erlassenen Vorschriften über Arbeitsschutz, Sicherheitstechnik, industrielles Sanitätswesen und industrielle Hygiene —

Besserungsarbeit bis zu einem Monat oder Geldstrafe bis zu hundert Rubeln, die im Verwaltungsverfahren verhängt werden.

133-a. Weigerung, eine Frau zur Arbeit anzustellen, mit Rücksicht auf ihre Schwangerschaft sowie Weigerung, eine stillende Mutter zur Arbeit anzustellen, oder Herabsetzung des Arbeitsentgelts aus den gleichen Gründen —

Besserungsarbeit bis zu sechs Monaten oder Geldstrafe bis zu eintausend Rubeln.

Bei wiederholter Begehung der bezeichneten Verstöße kann die Strafe bis zu zwei Jahren Freiheitsentziehung erhöht werden. [Dekret des Präsidiums des Obersten Sowjets der RSFSR vom 12. Juli 1949 („Mitteilungen des Obersten Sowjets der UdSSR" 1949 Nr. 35)].

134. Verletzung der mit einer Gewerkschaft geschlossenen Kollektivverträge, Tarif- und Schlichtungsabkommen durch den Arbeitgeber, wenn im gerichtlichen oder im Schlichtungsverfahren der böswillige Charakter der Verletzung dargetan ist, —

die im ersten und zweiten Absatz des Art. 133 bezeichneten Maßnahmen.

135. Behinderung der gesetzmäßigen Tätigkeit der Fabrik- und Werkkomitees, der örtlichen Komitees, der Gewerkschaften oder deren Bevollmächtigter —

Freiheitsentziehung oder Besserungsarbeit bis zu einem Jahr oder Geldstrafe bis zu eintausend Rubeln.

Sechstes Kapitel

Verbrechen gegen das Leben, die Gesundheit, die Freiheit und die Würde der Persönlichkeit

136. Vorsätzliche Tötung, begangen: a) aus Gewinnsucht, Eifersucht (sofern nicht die Merkmale des Art. 138 vorliegen) oder aus anderen niedrigen Beweggründen, b) von einer Person, die schon vorher wegen vorsätzlicher Tötung oder Körperverletzung zur Verantwortung gezogen worden ist und die vom Gericht verhängte Maßnahme des sozialen Schutzes verbüßt hat, c) auf eine das Leben vieler Menschen gefährdende oder für den Getöteten besonders quälende Weise, d) in der Absicht, ein anderes schweres Verbrechen zu verbergen oder seine Begehung zu erleichtern, e) von einer Person, der eine besondere Sorge für den Getöteten oblag, oder f) unter Ausnutzung der Hilflosigkeit des Getöteten, zieht nach sich —

Freiheitsentziehung bis zu zehn Jahren.

Tötung, die von einer Militärperson unter besonders erschwerenden Umständen begangen wird, —

---

[1]) Durch Verordnung des ZIK, des SNK der UdSSR und des WZSPS vom 23. Juni 1933 ist das NKT mit dem WZSPS vereinigt worden (GS UdSSR Nr. 40, Art. 238).

†) Gemeint sind damit Verordnungen, die für den Fall der Zuwiderhandlung gegen die in ihnen enthaltenen Vorschriften eine Kriminal- oder Verwaltungsstrafe androhen.

schwerste Strafmaßnahme — Erschießung. [1. September 1934 (GS Nr. 34, Art. 206)].

137. Vorsätzliche Tötung, begangen ohne die in Art. 136 bezeichneten Merkmale, —

Freiheitsentziehung bis zu acht Jahren.

138. Vorsätzliche Tötung, begangen im Zustand einer durch Anwendung von Gewalt oder schwere Beleidigung seitens des Verletzten plötzlich hervorgerufenen heftigen seelischen Erregung, —

Freiheitsentziehung bis zu fünf Jahren oder Besserungsarbeit bis zu einem Jahr.

139. Fahrlässige Tötung sowie Tötung, begangen in Überschreitung der Grenzen der Notwehr, —

Freiheitsentziehung bis zu drei Jahren oder Besserungsarbeit bis zu einem Jahr.

140. Vornahme einer Abtreibung in einem Krankenhaus oder Entbindungsheim, abgesehen von den Fällen, in denen die Fortdauer der Schwangerschaft eine Gefahr für das Leben der Schwangeren bedeutet oder deren Gesundheit mit einem schweren Schaden bedroht oder ein Elternteil an einer schweren Erbkrankheit leidet, —

zieht für den die Abtreibung vornehmenden Arzt Gefängnis von einem bis zu zwei Jahren nach sich.

Vornahme einer Abtreibung außerhalb eines Krankenhauses oder Entbindungsheims zieht in allen Fällen für den die Abtreibung vornehmenden Arzt die gleiche Strafe nach sich.

Vornahme einer Abtreibung unter gesundheitswidrigen Umständen oder durch eine Person, der die besondere medizinische Ausbildung fehlt, —

Gefängnis nicht unter drei Jahren. [10. Mai 1937 (GS Nr. 6, Art. 40)].

140-a. Nötigung einer Frau zur Vornahme einer Abtreibung —

Gefängnis bis zu zwei Jahren. [10. Mai 1937 (GS Nr. 6, Art. 40)].

140-b. Vornahme einer Abtreibung, abgesehen von den Fällen, in denen das Gesetz dies gestattet, zieht für die Schwangere selbst im ersten Fall nach sich —

öffentlichen Tadel, im Wiederholungsfalle — Geldstrafe bis zu dreihundert Rubeln. [10. Mai 1937 (GS Nr. 6, Art. 40)].

141. Bestimmung einer sich in materieller oder sonstiger Abhängigkeit vom Täter befindlichen Person durch grausame Behandlung oder auf ähnliche Weise zur Begehung eines Selbstmords oder eines Selbstmordversuchs —

Freiheitsentziehung bis zu fünf Jahren.

Verleitung eines Minderjährigen oder einer Person, die, wie der Täter weiß, unfähig ist, das Wesen oder die Bedeutung ihres Tuns einzusehen oder selbständig zu handeln, zum Selbstmord oder Mithilfe hierzu, wenn es in der Folge zum Selbstmord oder Selbstmordversuch gekommen ist, —

Freiheitsentziehung bis zu drei Jahren.

142. Vorsätzliche schwere Körperverletzung, die den Verlust des Sehvermögens, des Gehörs oder irgendeines anderen Organs, eine dauernde Entstellung des Gesichts, Geisteskrankheit oder eine sonstige Gesundheitsschädigung, verbunden mit einer wesentlichen Minderung der Arbeitsfähigkeit, zur Folge gehabt hat, —

Freiheitsentziehung bis zu acht Jahren.

Wenn eine solche Verletzung den Tod zur Folge gehabt hat, oder wenn sie auf eine quälende oder marternde Weise begangen wird, oder wenn sie die Folge der Zufügung systematischer, wenn auch leichter, Verletzungen gewesen ist, —

Freiheitsentziehung bis zu zehn Jahren.

143. Vorsätzliche leichte Körperverletzung, die nicht lebensgefährlich ist, aber eine Gesundheitsschädigung zur Folge gehabt hat, —

Freiheitsentziehung oder Besserungsarbeit bis zu einem Jahr.

Vorsätzliche leichte Körperverletzung, die keine Gesundheitsschädigung zur Folge gehabt hat, —

Besserungsarbeit bis zu sechs Monaten oder Geldstrafe bis zu dreihundert Rubeln.

144. Körperverletzung, die unter die Merkmale des ersten Absatzes des Art. 143 fällt und unter dem Einfluß einer durch Anwendung von Gewalt gegen die Person oder durch schwere Beleidigung seitens des Verletzten plötzlich hervorgerufenen heftigen seelischen Erregung begangen wird, —

Besserungsarbeit bis zu sechs Monaten oder Geldstrafe bis zu dreihundert Rubeln.

145. Fahrlässige Körperverletzung, wenn sie Folge der bewußten Nichtbeachtung der durch Gesetz oder Anordnungen der Staatsgewalt erlassenen Schutzvorschriften gewesen ist und die in den Art. 142 und 143 Abs. 1 bezeichneten Folgen gehabt hat, —

Besserungsarbeit bis zu einem Jahr oder Geldstrafe bis zu fünfhundert Rubeln.

Fahrlässige Körperverletzung, die keine schweren Folgen gehabt hat, —

Besserungsarbeit bis zu sechs Monaten oder Geldstrafe bis zu dreihundert Rubeln.

146. Vorsätzliches Schlagen oder Prügeln oder Verübung anderer mit der Zufügung körperlichen Schmerzes verbundener Gewalttätigkeiten —

Besserungsarbeit bis zu sechs Monaten oder Geldstrafe bis zu dreihundert Rubeln.

Wenn die Handlungen den Charakter einer Marterung tragen, —

Freiheitsentziehung bis zu drei Jahren.

147. Gewaltsame ungesetzliche Freiheitsberaubung —

Freiheitsentziehung oder Besserungsarbeit bis zu einem Jahr.

Wird die Freiheitsberaubung auf eine für das Leben oder die Gesundheit des der Freiheit Beraubten gefährliche Weise oder unter Zufügung körperlicher Schmerzen begangen, —

Freiheitsentziehung bis zu zwei Jahren.

148. Unterbringung eines Menschen, von dem der Täter weiß, daß er gesund ist, in ein Krankenhaus für Geisteskranke aus Gewinnstreben oder sonstigen persönlichen Beweggründen —

Freiheitsentziehung bis zu drei Jahren.

149. Raub, Verheimlichung oder Vertauschung eines fremden Kindes aus Gewinnstreben, Rache oder sonstigen persönlichen Beweggründen —

Freiheitsentziehung bis zu drei Jahren.

150. Ansteckung eines anderen mit einer Geschlechtskrankheit im Bewußtsein, an einer solchen Krankheit zu leiden, —

Freiheitsentziehung bis zu drei Jahren.

Wissentliche Herbeiführung der Gefahr einer Ansteckung mit einer Geschlechtskrankheit für einen anderen durch Geschlechtsverkehr oder sonstige Handlungen —

Freiheitsentziehung oder Besserungsarbeit bis zu sechs Monaten.

151. Geschlechtsverkehr mit Personen, die die Geschlechtsreife noch nicht erreicht haben, wenn er mit Defloration oder Befriedigung des Geschlechtstriebes in widernatürlichen Formen verbunden ist, —

Freiheitsentziehung bis zu acht Jahren.

Geschlechtsverkehr mit Personen, die die Geschlechtsreife noch nicht erreicht haben, ohne die bezeichneten erschwerenden Merkmale —

Freiheitsentziehung bis zu drei Jahren.

152. Demoralisierung von Kindern oder Minderjährigen durch Verübung unzüchtiger Handlungen in bezug auf sie —

Freiheitsentziehung bis zu fünf Jahren.

153. Geschlechtsverkehr unter Anwendung von physischer Gewalt, Drohungen, Einschüchterung oder unter betrügerischer Ausnutzung der hilflosen Lage der verletzten Person (Notzucht) —

Freiheitsentziehung bis zu fünf Jahren.

Hat die Notzucht den Selbstmord der verletzten Person zur Folge gehabt oder wird sie an einer Person, die die Geschlechtsreife noch nicht erreicht hat, oder wird sie von mehreren gemeinsam verübt, —

Freiheitsentziehung bis zu acht Jahren.

154. Nötigung einer Frau zum Geschlechtsverkehr oder zur Befriedigung des Geschlechtstriebes in einer anderen Form durch eine Person, von der die Frau materiell oder dienstlich abhängig ist, —

Freiheitsentziehung bis zu fünf Jahren.

154-a. Geschlechtsverkehr eines Mannes mit einem Mann (Homosexualität) —

Freiheitsentziehung von drei bis zu fünf Jahren.

Homosexuelle Handlungen, begangen unter Gewaltanwendung oder Ausnutzung des Abhängigkeitsverhältnisses des Opfers, —

Freiheitsentziehung von fünf bis zu acht Jahren. [1. April 1934 (GS Nr. 15, Art. 95)].

155. Nötigung zur Prostitution sowie Kuppelei, Unterhaltung von Stätten der Unzucht oder Anwerbung von Frauen zur Prostitution —

Freiheitsentziehung bis zu fünf Jahren, verbunden mit völliger oder teilweiser Vermögenskonfiskation.

156. Wissentliches Imstichlassen einer in lebensgefährlichem Zustand befindlichen Person, die infolge jugendlichen Alters, Gebrechlichkeit, Krankheit oder überhaupt infolge ihrer Hilflosigkeit der Möglichkeit beraubt ist, Selbsterhaltungsmaßnahmen zu ergreifen, in Fällen, in denen der Täter zur Sorge für den im Stich Gelassenen verpflichtet und zur Hilfeleistung in der Lage ist, —

Besserungsarbeit bis zu sechs Monaten oder Geldstrafe bis zu dreihundert Rubeln.

156[1]. Unterläßt es der Kapitän eines Schiffes, einer auf hoher See oder auf einer sonstigen Wasserstraße in Seenot befindlichen Person Hilfe zu leisten, obwohl dies ohne ernstliche Gefahr für das Schiff, die Mannschaft und die Passagiere möglich ist, —

Freiheitsentziehung bis zu zwei Jahren. [25. Juni 1929 (GS Nr. 50, Art. 513)].

157. Unterläßt es eine Person, die hierzu kraft Gesetzes oder besonderer Vorschrift verpflichtet ist, ohne triftigen Grund, einem Kranken Hilfe zu leisten, —

Besserungsarbeit bis zu einem Jahr oder Geldstrafe bis zu dreihundert Rubeln.

Weigert sich eine, eine ärztliche Praxis ausübende Person, ärztliche Hilfe zu leisten, obwohl dies, wie sie erkennt, für den Kranken gefährliche Folgen haben kann, —

Freiheitsentziehung oder Besserungsarbeit bis zu einem Jahr oder Geldstrafe bis zu eintausend Rubeln.

158. Böswilliges Nichtzahlen der Mittel für den Unterhalt eines Kindes sowie Unversorgtlassen eines minderjährigen Kindes seitens der Eltern — wird mit Gefängnis bis zu zwei Jahren bestraft, wobei die Kosten für die Nachforschung nach dem sich der Alimentenzahlung Entziehenden diesem auferlegt werden. [10. Mai 1937 (GS Nr. 6, Art. 40].

158[1]. Wird eine Vormundschaft zu eigenem Vorteil ausgenutzt (durch Inbesitznahme von Wohnraum, Ausnutzung von Vermögenswerten, die nach dem Tode der Eltern verblieben sind, u. dgl.) oder das Mündel ohne Aufsicht und die notwendige materielle Versorgung gelassen, —

Freiheitsentziehung bis zu drei Jahren.

Unterlassen es der Vorsitzende des Dorfsowjets oder der vom Dorfsowjet bestellte Vormund, sich um den Schutz und die Erziehung eines Waisenkindes zu kümmern, und haben sie es durch ihr Handeln oder ihre Untätigkeit zugelassen, daß das Kind auf den Weg des Vagabundierens geraten ist, ⟨so zieht dies nach sich⟩ —

für den Vormund — Freiheitsentziehung bis zu zwei Jahren,
für den Vorsitzenden des Dorfsowjets — Verantwortlichkeit gemäß Art. 111 dieses Gesetzbuchs. [25. November 1935 (GS 1936 Nr. 1, Art. 1)].

159. Beleidigung, die jemandem mündlich oder schriftlich zugefügt wird, —

Geldstrafe bis zu dreihundert Rubeln oder öffentlicher Tadel.

Tätliche Beleidigung —

Besserungsarbeit bis zu zwei Monaten oder Geldstrafe bis zu dreihundert Rubeln.

160. Beleidigung, die in verbreiteten oder öffentlich ausgestellten Erzeugnissen des Drucks oder bildlichen Darstellungen zugefügt wird, —

Besserungsarbeit bis zu sechs Monaten oder Geldstrafe bis zu dreihundert Rubeln.

161. Verleumdung, d. h. Verbreitung von wissentlich falschen, eine andere Person herabsetzenden Behauptungen, —

Besserungsarbeit bis zu sechs Monaten oder Geldstrafe bis zu fünfhundert Rubeln.

Verleumdung in einer Druckschrift oder einer auf sonstige Weise hergestellten Vervielfältigung —

Besserungsarbeit bis zu einem Jahr oder Geldstrafe bis zu eintausend Rubeln.

Siebentes Kapitel

Verbrechen gegen das Vermögen[1])

162. Heimliche Entwendung fremder Vermögensgegenstände (Diebstahl) zieht nach sich:

a) wenn sie ohne Anwendung irgendwelcher technischer Hilfsmittel zum ersten Mal und ohne Verabredung mit anderen Personen begangen wird, —

Freiheitsentziehung oder Besserungsarbeit bis zu drei Monaten;

wenn sie unter denselben Umständen, aber aus Not oder wegen Arbeitslosigkeit begangen wird, um die dringendsten eigenen Bedürfnisse oder die der Familie zu befriedigen, —

Besserungsarbeit bis zu drei Monaten;

b) wenn sie wiederholt oder im Bezug auf Vermögensgegenstände begangen wird, die, wie der Täter weiß, für die Existenz des Bestohlenen notwendig sind, —

Freiheitsentziehung bis zu sechs Monaten;

c) wenn sie unter Anwendung von technischen Hilfsmitteln oder wiederholt oder nach vorheriger Verabredung mit anderen Personen oder, wenn auch ohne die vorbezeichneten Merkmale, in Bahnhöfen, auf Landungsplätzen, Dampfschiffen, in Eisenbahnwagen oder Gasthäusern begangen wird, —

Freiheitsentziehung bis zu einem Jahr;

---

1) Bezüglich der Art. 162, 165, 166, 166-a, 167 und 169 Abs. 2 vgl. die Dekrete des Präsidiums des Obersten Sowjets der UdSSR vom 4. Juni 1947 (unten S. 72, 73) und Plenarbeschluß des Obersten Gerichtshofs der UdSSR vom 22. August 1947 Nr. 12/6 (unten S. 73).

d) wenn sie durch eine Privatperson aus staatlichen oder öffentlichen Lagerhäusern, Eisenbahnwagen, Schiffen oder sonstigen Aufbewahrungsorten erfolgt oder an den im vorhergehenden Absatz bezeichneten öffentlichen Orten unter Anwendung technischer Hilfsmittel oder auf Verabredung mit anderen Personen oder wiederholt begangen wird; ferner wenn sie, wenn auch ohne die vorbezeichneten Merkmale, von einer Person, die eine besondere Zutrittserlaubnis zu diesen Lagerhäusern besitzt oder sie zu bewachen hat, oder während einer Feuersbrunst, eines Hochwassers oder eines sonstigen öffentlichen Notstandes begangen wird, —

Freiheitsentziehung bis zu zwei Jahren oder Besserungsarbeit bis zu einem Jahr;

e) wenn sie aus staatlichen oder öffentlichen Lagerhäusern oder Aufbewahrungsorten durch eine Person, die eine besondere Zutrittserlaubnis zu diesen besitzt oder sie zu bewachen hat, unter Anwendung technischer Hilfsmittel oder wiederholt oder auf Verabredung mit anderen Personen erfolgt, sowie jeder Diebstahl aus den vorbezeichneten Lagerhäusern und Aufbewahrungsorten bei besonders großem Ausmaß des Entwendeten —

Freiheitsentziehung bis zu fünf Jahren.

f) Bagatelldiebstahl, begangen in einem Betrieb oder in einer Behörde, wird, unabhängig von seinem Ausmaß, — mit einem Jahr Gefängnis bestraft, wenn er nicht seinem Charakter nach kraft Gesetzes eine schwerere Strafe nach sich zieht. [16. August 1940 („Nachrichten der Sowjets der Abgeordneten der Werktätigen der UdSSR" Nr. 190 vom 17. August 1940)].

163. Diebstahl elektrischer Energie —

Freiheitsentziehung bis zu einem Monat und Auferlegung der Pflicht, den angerichteten Schaden zu ersetzen.

164. Ankauf von Vermögensgegenständen, die, wie der Täter weiß, gestohlen sind, —

Freiheitsentziehung oder Besserungsarbeit bis zu sechs Monaten oder Geldstrafe bis zu fünfhundert Rubeln.

Die gleichen Handlungen, gewerbsmäßig begangen, —

Freiheitsentziehung bis zu drei Jahren, verbunden mit Vermögenskonfiskation.

164-a. Ankauf, Aufbewahrung und Verkauf von Schußwaffen (außer Jagd- und Kleinkaliberwaffen), die, wie der Täter weiß, entwendet sind, sowie der dazugehörigen Munition —

Freiheitsentziehung bis zu fünf Jahren. [17. Juni 1929 (GS Nr. 50, Art. 512)].

165. Offene Entwendung fremder Vermögensgegenstände in Anwesenheit der Person, die sie besitzt, benutzt oder verwaltet (Plünderung), wenn sie ohne Gewaltanwendung begangen wird, —

Freiheitsentziehung bis zu einem Jahre.

Die gleichen Handlungen, unter Gewaltanwendung begangen, —

Freiheitsentziehung bis zu drei Jahren.

Die gleichen Handlungen, von einer Mehrheit von Personen oder wiederholt begangen, —

Freiheitsentziehung bis zu fünf Jahren.

166. Heimliche oder offene Entwendung von Pferden oder anderem Großvieh, das der werktätigen landbearbeitenden oder viehzüchtenden Bevölkerung gehört, —

Freiheitsentziehung bis zu fünf Jahren.

Die gleichen Handlungen, wiederholt oder auf Verabredung mit anderen Personen begangen, —

Freiheitsentziehung bis zu acht Jahren. [7. August 1928 (GS Nr. 102, Art. 645)].

166-a. Heimliche oder offene Entwendung von Schußwaffen (außer Jagd- und Kleinkaliberwaffen) und der dazugehörigen Munition, sofern diese Handlung nicht unter die in Art. 59³ᵃ dieses Gesetzbuchs bezeichneten Merkmale fällt, —

Freiheitsentziehung bis zu fünf Jahren. [17. Juni 1929 (GS Nr. 50, Art. 512)].

***167.** Raub, d. h. der in der Absicht, sich fremde Vermögensgegenstände anzueignen, vorgenommene offene Überfall, der mit einer für das Leben oder die Gesundheit des Opfers gefährlichen Gewaltanwendung verbunden ist, —

Freiheitsentziehung bis zu fünf Jahren.

Werden die gleichen Handlungen wiederholt begangen oder haben sie den Tod oder eine schwere Verletzung des Opfers zur Folge gehabt, —

Freiheitsentziehung bis zu zehn Jahren.

Bewaffneter Raub —

Freiheitsentziehung bis zu zehn Jahren, bei besonders erschwerenden Umständen — die schwerste Maßnahme des sozialen Schutzes. [26. August 1929 (GS Nr. 65, Art. 641)].

168. Aneignung ⟨Unterschlagung⟩, d. h. das Behalten von fremden Vermögensgegenständen, die zu einem besonderen Zweck anvertraut sind, in Bereicherungsabsicht oder die Verausgabung†) solcher Vermögensgegenstände, —

Freiheitsentziehung bis zu zwei Jahren.

Aneignung ⟨Unterschlagung⟩ eines Fundes —

Freiheitsentziehung bis zu einem Monat.

169. Mißbrauch des Vertrauens oder Täuschung, begangen in der Absicht, sich Vermögensgegenstände, Rechte auf solche oder sonstige persönliche Vorteile zu verschaffen (Betrug), —

Freiheitsentziehung bis zu zwei Jahren.

Betrug, der die Schädigung einer staatlichen oder öffentlichen Behörde zur Folge gehabt hat, —

Freiheitsentziehung bis zu fünf Jahren, verbunden mit völliger oder teilweiser Vermögenskonfiskation.

---

†) Russisch „rastrata". Gemeint ist Aneignung durch Veräußerung oder Verbrauch. S. auch Fußnote ††) zu Art. 116.

169-a. Ausstellung eines Schecks, dessen Uneinlösbarkeit dem Aussteller bekannt ist, Sperrung des Schecks durch den Aussteller ohne zureichenden Grund oder Vornahme irgendwelcher anderer Maßnahmen durch den Aussteller, die die Auszahlung des Scheckbetrages an den Scheckinhaber verhindern sollen, sowie Weitergabe eines Schecks durch den Scheckinhaber trotz Kenntnis von der Uneinlösbarkeit des Schecks —

Freiheitsentziehung bis zu zwei Jahren.

Haben die gleichen Handlungen die Schädigung einer staatlichen oder öffentlichen Behörde oder Unternehmung zur Folge gehabt, —

Freiheitsentziehung bis zu fünf Jahren. [28. Februar 1930 (GS Nr. 11, Art. 131)].

170. Fälschung von offiziellen Schriftstücken, Urkunden oder Empfangsbestätigungen in der Absicht, sich zu bereichern, —

Freiheitsentziehung oder Besserungsarbeit bis zu einem Jahr oder Geldstrafe bis zu eintausend Rubeln.

171. In der Absicht, sich zu bereichern, vorgenommene betrügerische Veränderung von Gegenständen, die zum Absatz oder gemeinen Verbrauch bestimmt sind, in ihrem Äußeren oder in ihren Eigenschaften, wenn diese Veränderung die Zufügung einer Gesundheitsschädigung zur Folge gehabt hat oder hätte haben können, ebenso wie der Absatz derart veränderter Gegenstände —

Freiheitsentziehung bis zu einem Jahr, verbunden mit teilweiser Vermögenskonfiskation und Entziehung der Handelserlaubnis, oder Geldstrafe bis zu eintausend Rubeln.

172. Herstellung eines gefälschten Eichstempels oder Aufbewahrung eines solchen zwecks Absatzes, Stempelung von Erzeugnissen oder Barren aus Gold, Silber oder Platin mit einem solchen Stempel, Anbringung von Stempeln oder Warenzeichen, die dem Eichstempel ähnlich sind, auf Erzeugnissen aus anderen Metallen sowie Absatz der bezeichneten Erzeugnisse —

Freiheitsentziehung bis zu zwei Jahren oder Besserungsarbeit bis zu einem Jahr, in beiden Fällen verbunden mit Einziehung der gefälschten Erzeugnisse und Stempel.

173. Wucher, d. h. das Zinsennehmen für dargeliehene Gelder oder Vermögensgegenstände in einer Höhe, die den durch Gesetz festgesetzten Darlehenszinsfuß übersteigt, insbesondere auch begangen durch Einbeziehung der Zinsen in den Kapitalbetrag des Darlehens oder durch Abzug eines einmaligen Entgelts von dem Betrag, den der Darlehensnehmer erhält, oder durch Festsetzung von Verzugszinsen oder einer Konventionalstrafe für den Fall des Verzugs bei einer Rückzahlung des Darlehens oder in einer sonstigen versteckten Form, —

Freiheitsentziehung oder Besserungsarbeit bis zu einem Jahr oder Geldstrafe bis zu fünftausend Rubeln.

Die gleichen Handlungen, gewerbsmäßig oder unter Ausnutzung der bedrängten Lage des Darlehensnehmers begangen, —

Freiheitsentziehung bis zu zwei Jahren, verbunden mit teilweiser Vermögenskonfiskation, oder ohne solche oder verbunden mit Geldstrafe bis zu zehntausend Rubeln.

Überlassung von Arbeitsgeräten und Vieh zur Nutznießung gegen eine Geld- oder Naturalentschädigung oder unter der Bedingung des Abarbeitens, wenn hierbei unter Ausnutzung der Not oder der bedrängten Lage des Nutznießers der in der betreffenden Gegend übliche Entschädigungssatz offensichtlich überschritten wird, —

Freiheitsentziehung bis zu einem Jahr. [29. März 1928 (GS Nr. 38, Art. 283)].

174. Erpressung, d. h. das Fordern irgendeines Vermögensvorteils, eines Vermögensrechts oder der Vornahme irgendeiner vermögenswerten Handlung unter der Drohung, andernfalls Gewalt gegen die Person des Verletzten anzuwenden, ehrenrührige Tatsachen über ihn bekanntzugeben oder ihm gehörige Vermögensgegenstände zu zerstören, —

Freiheitsentziehung bis zu drei Jahren.

175. Vorsätzliche Zerstörung oder Beschädigung von Vermögensgegenständen, die einer Privatperson gehören, —

Freiheitsentziehung oder Besserungsarbeit bis zu sechs Monaten oder Geldstrafe bis zu fünfhundert Rubeln.

Die gleichen Handlungen, durch Brandstiftung, Herbeiführung einer Überschwemmung oder auf eine sonstige gemeingefährliche Weise begangen, —

Freiheitsentziehung bis zu fünf Jahren.

Haben die gleichen Handlungen Menschenopfer oder einen öffentlichen Notstand zur Folge gehabt, —

Freiheitsentziehung bis zu zehn Jahren.

176. Unterläßt es der Kapitän eines auf hoher See mit einem anderen zusammengestoßenen Schiffes, die zur Rettung des anderen Schiffes notwendigen Maßnahmen zu ergreifen, ⟨so zieht dies⟩, soweit diese Maßnahmen ohne ernsthafte Gefährdung der eigenen Passagiere, Schiffsmannschaft und des eigenen Schiffes ergriffen werden konnten, und unbeschadet der Verantwortlichkeit für die Nichterweisung von Hilfe gegenüber der Schiffsmannschaft und den Passagieren des in Not geratenen Schiffes (Art. 156^1) ⟨nach sich⟩ —

Freiheitsentziehung oder Besserungsarbeit bis zu einem Jahr oder Geldstrafe bis zu fünfhundert Rubeln. [25. Juni 1929 (GS Nr. 50, Art. 513)].

177. Bekanntgabe einer Erfindung vor deren Anmeldung ohne Einverständnis des Erfinders sowie unbefugte Ausnutzung literarischer, musikalischer und anderer künstlerischer oder wissenschaftlicher Schöpfungen unter Verletzung des Gesetzes über das Urheberrecht —

Besserungsarbeit bis zu drei Monaten oder Geldstrafe bis zu eintausend Rubeln. [30. August 1931 (GS Nr. 59, Art. 429)].

178. Unbefugte Benutzung fremder Waren-, Fabrik- oder Gewerbezeichen, fremder Zeichnungen oder Modelle sowie fremder Firmennamen oder Benennungen zu Zwecken unlauteren Wettbewerbs —

Besserungsarbeit bis zu sechs Monaten oder Geldstrafe bis zu dreitausend Rubeln.

Achtes Kapitel.

Verletzung der Bestimmungen zum Schutz der Volksgesundheit, der öffentlichen Sicherheit und Ordnung.

179. Herstellung, Aufbewahrung, Erwerb und Absatz von stark wirkenden giftigen Stoffen ohne eine besondere Erlaubnis hierzu sowie Verletzung der für die Erzeugung, Aufbewahrung, Abgabe, Erfassung und Beförderung stark wirkender giftiger Stoffe erlassenen Vorschriften wird bestraft —

mit Freiheitsentziehung bis zu fünf Jahren, verbunden mit Einziehung der genannten Stoffe. [1. Juni 1936 (GS Nr. 13, Art. 86)].

179-a. Aussaat von Opiummohn und indischem Hanf ohne die entsprechende Erlaubnis —

Freiheitsentziehung bis zu zwei Jahren oder Besserungsarbeit bis zu einem Jahr, verbunden mit obligatorischer Einziehung der Saat. [1. Dezember 1934 (GS Nr. 42, Art. 259].

180. Berufsmäßige Ausübung der Heilkunde durch Personen, die über eine gehörig beglaubigte medizinische Ausbildung nicht verfügen, sowie Ausübung einer solchen Art medizinischer Praxis, zu der der sie ausübende Mediziner nicht berechtigt ist, —

Besserungsarbeit bis zu sechs Monaten oder Geldstrafe bis zu fünfhundert Rubeln.

181. Verletzung der zur Bekämpfung von Seuchen erlassenen besonderen Bestimmungen zum Schutz der Volksgesundheit —

Besserungsarbeit bis zu sechs Monaten oder Geldstrafe bis zu fünfhundert Rubeln.

***182.** Herstellung, Aufbewahrung, Kauf und Absatz von Sprengstoffen oder Geschossen sowie von Schußwaffen (außer Jagdwaffen) ohne die erforderliche Erlaubnis zieht nach sich —

Freiheitsentziehung bis zu fünf Jahren, verbunden mit Einziehung der genannten Stoffe, Geschosse und Waffen.

Versand von Schußwaffen (außer Jagdwaffen) sowie von explosiblen und leicht entzündlichen Stoffen und Gegenständen wie: Pulver, Patronen u. dgl. durch die Post oder auf andere Weise —

Freiheitsentziehung bis zu fünf Jahren, verbunden mit Einziehung der Sendung.

Versand von ätzenden Säuren und anderen ätzenden Stoffen durch die Post —

Besserungsarbeit bis zu sechs Monaten oder Geldstrafe bis zu tausend Rubeln, verbunden mit Einziehung der Postendung.

Herstellung, Aufbewahrung, Absatz und Tragen von Dolchen, finnischen Messern und ähnlichen blanken Waffen ohne Erlaubnis des Volkskommissariats des Innern nach den hierfür erlassenen Bestimmungen —

Freiheitsentziehung bis zu fünf Jahren, verbunden mit Einziehung der Waffe. [20. März 1933 (GS Nr. 20, Art. 68); 10. Mai 1935 (GS Nr. 14, Art. 146)].

Anmerkung. Die Geltung des 4. Absatzes dieses Artikels erstreckt sich nicht auf die Aufbewahrung und das Tragen von blanken Waffen in Gegenden, in denen das Tragen von blanken Waffen mit den Lebensbedingungen zusammenhängt und als Zubehör der nationalen Tracht erscheint. [10. Mai 1935 (GS Nr. 14, Art. 146].

182^1. Herstellung, Verbreitung und Anpreisung von pornographischen Werken, Druckerzeugnissen, bildlichen Darstellungen und sonstigen pornographischen Gegenständen sowie Handel damit oder deren Aufbewahrung zwecks Verkaufs oder Verbreitung ziehen nach sich —

Freiheitsentziehung bis zu fünf Jahren, verbunden mit obligatorischer Einziehung der pornographischen Gegenstände und der Mittel zu ihrer Herstellung. [25. November 1935 (GS Nr. 22, Art. 214)].

183. Tragen irgendeines Ordens der Union der SSR oder einer Unionsrepublik, der Abzeichen der Mitglieder des Zentralexekutivkomitees der Union der SSR und des Allrussischen Zentralexekutivkomitees[1]) sowie der Abzeichen des Roten Kreuzes und Roten Halbmonds durch Personen, die hierzu kein Recht haben, —

Besserungsarbeit bis zu drei Monaten oder Geldstrafe bis zu dreihundert Rubeln, verbunden mit obligatorischer Wegnahme der Orden und Abzeichen. [20. August 1930 (GS Nr. 42, Art. 504)].

184. Unterläßt es der Schiffskapitän, trotz vorhandener Möglichkeit hierzu, einem anderen Schiff, mit dem ein Zusammenstoß auf hoher See erfolgt ist, den Namen und Heimathafen sowie den Abgangs- und Bestimmungshafen des eigenen Schiffes anzugeben, —

Besserungsarbeit bis zu drei Monaten oder Geldstrafe bis zu dreihundert Rubeln.

185. Verletzung der für die Vervielfältigung und Veröffentlichung von Druckerzeugnissen erlassenen Bestimmungen sowie der Bestimmungen über Lichtspielzensur —

Besserungsarbeit bis zu drei Monaten oder Geldstrafe bis zu dreihundert Rubeln.

186. Verletzung der Bestimmungen über die Aufbewahrung von Urkunden und Geschäftspapieren, die der Stempelsteuer unterliegen, der Vorschriften über die Aufbewahrung von Geschäftsbüchern sowie Nichtvorlegung von Urkunden, Schriftstücken und Büchern gegenüber den eine Stempelsteuerrevision[2]) vornehmenden Beamten —

Besserungsarbeit bis zu drei Monaten oder Geldstrafe bis zu dreihundert Rubeln.

187. Wissentlich falsche Angaben in an staatliche Behörden oder Beamte gerichteten Erklärungen, in gesetzlich vorgeschriebenen Erklärungen bei der Registrierung von Handels-, Industrie-, Wohn- oder sonstigen Gesellschaften und Verbänden u. dgl. —

Besserungsarbeit bis zu drei Monaten oder Geldstrafe bis zu dreihundert Rubeln.

Verletzung der Bestimmungen über öffentliche Rechnungslegung —

die gleichen Maßnahmen des sozialen Schutzes.

---

[1]) ⟨Jetzt⟩ des Obersten Sowjets der Union der SSR und des Obersten Sowjets der RSFSR.
[2]) Die Stempelsteuer ist aufgehoben (GS UdSSR 1930, Nr. 46).

188. Verheimlichung von Sammlungen, Altertümern und Kunstdenkmälern, die der Registrierung, Bestandsaufnahme oder Übergabe an staatliche Aufbewahrungsstätten unterliegen, —

Besserungsarbeit bis zu drei Monaten, verbunden mit der Einziehung der verheimlichten Vermögensgegenstände.

189. Verletzung der Bestimmungen über die Aufstellung von Antriebsmotoren —

Besserungsarbeit bis zu drei Monaten oder Geldstrafe bis zu dreihundert Rubeln.

190. Verletzung der Bestimmungen über die Eröffnung und den Betrieb von Druckereien, Lithographier- und ähnlichen Anstalten —

die gleichen Maßnahmen des sozialen Schutzes.

191. Benutzung von privaten Radiostationen, die bestimmungswidrig oder unter Verletzung der Bedingungen, unter denen die Genehmigung erteilt ist, oder der Kontrollvorschriften der Organe des Volkskommissariates für Post- und Fernmeldewesen[1]) erfolgt, —

Geldstrafe bis zum fünffachen Wert der jährlich zu zahlenden oder einzuziehenden Benutzungsgebühren.

Errichtung einer solchen Station ohne die vorgeschriebene Registrierung oder Genehmigung oder die Benutzung einer solchen ohne Zahlung der Gebühren —

Geldstrafe in gleicher Höhe, die im Verwaltungsverfahren verhängt wird.

192. Verletzung der von den örtlichen Staatsorganen innerhalb ihrer gesetzlichen Zuständigkeit erlassenen Zwangsverordnungen†) sowie derjenigen Verordnungen, Anordnungen und Instruktionen einzelner Fachbehörden, die auf Grund einer die Befugnis zur Festsetzung von Verwaltungsstrafen ausdrücklich umfassenden Ermächtigung der gesetzgebenden Organe ergehen, —

Verwarnung oder Besserungsarbeit bis zu einem Monat oder Geldstrafe bis zu hundert Rubeln, wobei die Verhängung dieser Maßnahmen im Verwaltungsverfahren erfolgt.

192-a. Wiederholte Verletzung der über die Anmeldung von Pässen und zeitweiligen Ausweisen††) erlassenen Bestimmungen durch Personen, die in Orte zureisen, in denen das Paßssytem eingeführt ist, und die die vorgeschriebenen Papiere besitzen, —

Besserungsarbeit bis zu sechs Monaten.

Aufenthalt von Personen, die einen Paß oder zeitweiligen Ausweis nicht besitzen, an diesen Orten, wenn gegen sie schon eine Verwaltungsstrafe wegen eines solchen Verstoßes verhängt worden ist, —

Freiheitsentziehung bis zu zwei Jahren. [1. Juli 1934 (GS Nr. 27, Art. 157)].

---

[1]) Jetzt Ministerium für Post- und Fernmeldewesen der UdSSR.

†) S. Fußnote †) zu Art. 133.

††) Gemeint ist die Vorlage von Pässen und zeitweiligen Ausweisen zwecks Anmeldung und Eintragung eines entsprechenden Vermerks in den Paß bzw. Ausweis.

Besonderer Teil

Neuntes Kapitel[1])

Militärische Verbrechen

193^{1}. Als militärische Verbrechen gelten Verbrechen, die gegen die die Leistung des Militärdienstes regelnden Vorschriften verstoßen und von ⟨aktiven⟩ Militärpersonen und Reservisten der Roten Armee der Arbeiter und Bauern während ihres Dienstes in der Roten Armee der Arbeiter und Bauern begangen werden.

Anmerkung 1. Gemäß den entsprechenden Artikeln dieser Verordnung†) sind für Verbrechen, die gegen die die Leistung ihres Dienstes regelnden Vorschriften verstoßen, verantwortlich auch die Angehörigen des Einsatz- und Verwaltungspersonals der Miliz der Arbeiter und Bauern sowie des operativen Personals der Organe der Verwaltung für Staatssicherheit im NKDW[2]). — [Dekret des Präsidiums des Obersten Sowjets der UdSSR vom 13. Dezember 1940 („Mitteilungen des Obersten Sowjets der UdSSR" Nr. 51 vom 21. Dezember 1940)].

Anmerkung 2. Teilnahme von Personen, die in diesem Artikel nicht erwähnt sind, an militärischen Verbrechen begründet eine Verantwortlichkeit gemäß den entsprechenden Artikeln dieses Kapitels. [1. Dezember 1935 (GS 1936 Nr. 1, Art. 2)].

193^{2}. a) Nichtbefolgung eines Dienstbefehls wird mit Freiheitsentziehung bis zu fünf Jahren bestraft;

b) das gleiche Verfahren zieht bei Vorliegen mildernder Umstände nach sich —

Anwendung der Bestimmungen der Disziplinarordnung der Roten Armee der Arbeiter und Bauern;

c) das gleiche Verbrechen wird, wenn es von einer Mehrheit von Personen oder von einem Angehörigen des Führungspersonals††) begangen wird, oder wenn es besonders schwere Folgen gehabt hat oder hätte haben können, —

mit Freiheitsentziehung nicht unter drei Jahren bestraft;

d) das gleiche Verbrechen, im Kriege begangen, wird mit Freiheitsentziehung nicht unter fünf Jahren, bei Vorliegen erschwerender Umstände —

mit der schwersten Kriminalstrafe — Erschießung, verbunden mit Konfiskation des gesamten Vermögens — bestraft;

e) das gleiche Verbrechen, während des Kampfes begangen, —

wird mit der schwersten Kriminalstrafe — Erschießung, verbunden mit Konfiskation des gesamten Vermögens — bestraft. [20. Oktober 1934 (GS Nr. 39, Art. 237)].

---

[1]) In der Fassung der Verordnung des WZIK und SNK vom 9. Januar 1928 (GS Nr. 12, Art. 108). In Kraft getreten mit dem Zeitpunkt des Inkrafttretens der Verordnung des ZIK und SNK der UdSSR vom 27. Juni 1927 über die Inkraftsetzung der Verordnung über die militärischen Verbrechen (GS UdSSR Nr. 50, Art. 504).

†) Gemeint ist die als Bundesgesetz ergangene Verordnung über die militärischen Verbrechen (oben Fußnote 1), deren Artikel als Art. 193^{1} bis 193^{31} in das StGB RSFSR übernommen worden sind.

[2]) Vgl. Dekret vom 3. Februar 1941 über die Gliederung des NKWD der UdSSR („Mitteilungen des Obersten Sowjets" 1941 Nr. 7).

††) S. dazu Fußnote †) zu Art. 193^{7}.

193^{3}. a) Widerstand gegenüber einer militärische Dienstpflichten erfüllenden Person zieht nach sich —

Freiheitsentziehung bis zu drei Jahren.

b) Wird die gleiche Handlung von einer Mehrheit von Personen oder unter Anwendung von Gewalt oder Waffen oder während des Kampfes begangen, so zieht sie nach sich —

Freiheitsentziehung nicht unter drei Jahren.

c) Die im Absatz b) dieses Artikels vorgesehene Handlung zieht, wenn erschwerende Umstände vorliegen, nach sich —

die schwerste Maßnahme des sozialen Schutzes.

193^{4}. a) Nötigung einer militärische Dienstpflichten erfüllenden Person zur Verletzung dieser Pflichten zieht nach sich —

Freiheitsentziehung nicht unter einem Jahr.

b) Wird die gleiche Handlung von einer Mehrheit von Personen oder unter Anwendung von Gewalt oder Waffen oder während des Kampfes begangen, so zieht sie nach sich —

Freiheitsentziehung nicht unter fünf Jahren.

c) Die im Absatz b) dieses Artikels vorgesehene Handlung zieht, wenn erschwerende Umstände vorliegen, nach sich —

die schwerste Maßnahme des sozialen Schutzes.

193^{5}. a) Durch eine gewalttätige Handlung verübte Beleidigung eines Vorgesetzten durch einen Untergebenen oder eines Rangälteren durch einen Jüngeren in einem Zeitpunkt, in dem auch nur einer von ihnen militärische Dienstpflichten erfüllt, zieht nach sich —

Freiheitsentziehung nicht unter sechs Monaten.

b) Die unter den gleichen Umständen durch Worte oder eine nicht gewalttätige Handlung verübte Beleidigung zieht nach sich —

Freiheitsentziehung bis zu sechs Monaten.

c) Die in Absatz b) dieses Artikels vorgesehene Handlung zieht bei Vorliegen mildernder Umstände nach sich —

Anwendung der Bestimmungen der Disziplinarordnung der Roten Armee der Arbeiter und Bauern.

d) Werden die gleichen Handlungen unter den gleichen Umständen von einem Vorgesetzten gegenüber einem Untergebenen oder einem Rangälteren gegenüber einem Jüngeren begangen, so begründen sie eine Verantwortlichkeit nach den gleichen Grundsätzen.

193^{6}. a) Beleidigung in Fällen, in denen der Beleidiger und der Beleidigte zu den in Art. 193^{1} bezeichneten Personen gehören und zwar ein Subordinationsverhältnis oder ein Unterschied im Rangalter zwischen ihnen nicht besteht, jedoch auch nur einer von ihnen zur Zeit der Tat militärische Dienstpflichten erfüllt, zieht nach sich —

Freiheitsentziehung bis zu einem Jahr.

b) Bei Vorliegen mildernder Umstände zieht die gleiche Handlung nach sich —

Anwendung der Bestimmungen der Disziplinarordnung der Roten Armee der Arbeiter und Bauern.

***193^{7}.** a) Eigenmächtige Entfernung seitens eines Gemeinen oder eines Angehörigen des niederen Führungspersonals†) auf die Dauer bis zu zwei Stunden zieht, wenn zum ersten Mal begangen, nach sich —

Überantwortung an das Kameradengericht oder Bestrafung im Disziplinarwege;

b) eigenmächtige Entfernung, von den gleichen Personen mehr als einmal bis zu zwei Stunden oder auf die Dauer von mehr als zwei Stunden, wenn auch nur einmal, begangen, zieht nach sich —

Übergabe an das Kriegsgericht und Einweisung in ein Disziplinarbataillon auf die Dauer von sechs Monaten bis zu zwei Jahren;

c) werden die in Absatz b) dieses Artikels vorgesehenen Handlungen im Kriege begangen, so ziehen sie nach sich —

Freiheitsentziehung von drei bis zu sieben Jahren;

d) eigenmächtige Entfernung auf die Dauer von mehr als vierundzwanzig Stunden gilt als Desertion und zieht nach sich —

Freiheitsentziehung von fünf bis zu zehn Jahren, im Kriege — die Höchststrafe — Erschießung, verbunden mit Vermögenskonfiskation. [Dekret des Präsidiums des Obersten Sowjets der UdSSR vom 6. Juli 1940];

e) die in den Absätzen a) und b) dieses Artikels vorgesehenen Handlungen ziehen, wenn sie von Angehörigen des mittleren, höheren oder höchsten Führungspersonals oder von länger dienenden Angehörigen des niederen Führungspersonals begangen werden, nach sich —

Freiheitsentziehung nicht unter zwei Jahren, mit oder ohne Vermögenskonfiskation, im Kriege — die schwerste Maßnahme des sozialen Schutzes, verbunden mit Vermögenskonfiskation;

f) werden die in Absatz a) dieses Artikels vorgesehenen Handlungen im Frieden und bei Vorliegen besonders mildernder Umstände, wenn auch von einem Angehörigen des Führungspersonals, begangen und dauert die eigenmächtige Entfernung nicht länger als 12 (4) Tage, so ziehen sie nach sich —

Anwendung der Bestimmungen der Disziplinarordnung der Roten Armee der Arbeiter und Bauern. [12. August 1929 (GS Nr. 64, Art. 628)].[1])

Anmerkung. Aufgehoben. [12. August 1929 (GS Nr. 64, Art. 628].

193^{8}. a) Eigenmächtiges Verlassen des Truppenteils oder Dienstorts ohne die Absicht, sich dauernd der Erfüllung der Militärdienstpflichten zu entziehen, zieht, wenn das Fernbleiben sechs (zwei) Tage nicht über-

†) Das Gesetz vermeidet die Bezeichnungen „Offizier“ und „Unteroffizier“ und ersetzt sie durch einen Sammelbegriff, der hier mit „Angehöriger des Führungspersonals“ wiedergegeben wird. „Angehöriger des mittleren, höheren oder höchsten Führungspersonals“ entspricht dabei dem Offizier der verschiedenen Rangklassen, „Angehöriger des niederen Führungspersonals“ dem Unteroffizier. Inzwischen sind in der Sowjetarmee die zunächst abgeschafften herkömmlichen Rang- und Dienstgradbezeichnungen, insbesondere auch die Bezeichnung „Offizier“, wiedereingeführt worden.

[1]) Bezüglich der Angehörigen des Führungspersonals ist Art. 193^{7} in der alten, bis zum Erlaß des Dekrets des Präsidiums des Obersten Sowjets der UdSSR vom 6. Juli 1940 geltenden Fassung anzuwenden, da die Absätze e) und f) des Art. 193^{7}, soweit sie auf die in den Absätzen a) und b) desselben Artikels vorgesehenen Verbrechen Bezug nehmen, die alte Fassung dieser Absätze im Auge haben. (Vgl. unten S. 101).

schritten hat (eigenmächtige Entfernung), jedoch systematisch wiederholt worden ist, nach sich —

die in Art. 193^{7} Abs. a) und c) vorgesehenen Maßnahmen des sozialen Schutzes.

b) die gleiche Handlung, von einem Angehörigen des mittleren, höheren oder höchsten Führungspersonals†) begangen, zieht nach sich —

die in Absatz e) des Art. 193^{7} vorgesehenen Maßnahmen des sozialen Schutzes. [12. August 1929 (GS Nr. 64, Art. 628)].

Anmerkung. Die in Art. 193^{7} Absatz c) vorgesehene Maßnahme des sozialen Schutzes wird im Fall wiederholter Verurteilung wegen der in Absatz a) des vorliegenden Artikels vorgesehenen Handlung sowie auch im Falle erstmaliger Verurteilung wegen der bezeichneten Handlung angewandt, wenn diese im Kriege oder nach vorausgegangener Verurteilung wegen einer in Art. 193^{7} Absatz a), b) und d) vorgesehenen Handlungen begangen wird. [12. August 1929 (GS Nr. 64, Art. 628)].

193^{9}. a) Eigenmächtiges Verlassen eines Truppenteils oder Dienstortes während des Kampfes zieht nach sich —

die schwerste Maßnahme des sozialen Schutzes, verbunden mit Vermögenskonfiskation.

b) Bei Vorliegen mildernder Umstände zieht die gleiche Handlung nach sich —

Freiheitsentziehung nicht unter drei Jahren, mit oder ohne Vermögenskonfiskation.

193^{10}. a) Nicht rechtzeitiges Erscheinen zum Dienst bei einer Ernennung, einer Versetzung, von einem Auftrag oder aus dem Urlaub, ohne daß hierzu ein triftiger Grund besteht, begründet —

eine Verantwortlichkeit gemäß den in den Art. 193^{7}, 193^{8} und 193^{9} aufgestellten Grundsätzen;

b) Nicht rechtzeitiges Erscheinen einer ⟨aktiven⟩ Militärperson oder eines Reservisten zu Übungsappellen, Manövern und anderen Übungen sowie bei Einberufung zu einer Probemobilmachung, ohne daß hierzu ein triftiger Grund besteht, begründet —

eine Verantwortlichkeit nach den gleichen Grundsätzen. [10. Januar 1931 (GS Nr. 5, Art. 46)].

193^{10a}. Umgehung eines Mobilmachungsbefehls zum Einrücken in die Rote Armee der Arbeiter und Bauern oder weiterer Einberufungen zur Vervollständigung der Roten Armee der Arbeiter und Bauern in ihrem Kriegsbestand zieht nach sich —

Freiheitsentziehung nicht unter einem Jahr, für Angehörige des Führungspersonals†) — nicht unter zwei Jahren, verbunden mit vollständiger oder teilweiser Vermögenskonfiskation und bei Vorliegen besonders erschwerender Umstände: Erhöhung bis zur schwersten Maßnahme des sozialen Schutzes — Erschießung, verbunden mit Vermögenskonfiskation. [10. Januar 1931 (GS Nr. 5, Art. 46)].

---

†) S. Fußnote †) zu Art. 193^{7}.

193[11]. a) Nichterfüllung der Pflicht, die den betreffenden Einheiten zugeschriebenen eigenen Pferde mitzubringen, durch Militärpersonen des Wechselbestandes der territorialen Kavallerieeinheiten der Roten Armee der Arbeiter und Bauern zieht nach sich —

Freiheitsentziehung bis zu sechs Monaten.

b) Bei Vorliegen mildernder Umstände zieht die gleiche Handlung nach sich —

Anwendung der Bestimmungen der Disziplinarordnung der Roten Armee der Arbeiter und Bauern.

193[12]. a) Umgehung der Erfüllung der Militärdienstpflichten durch eine Militärperson mittels Selbstverletzung irgendwelcher Art oder mittels Vortäuschung einer Krankheit, Fälschung von Urkunden oder Vornahme einer sonstigen Täuschungshandlung —

wird mit Freiheitsentziehung bis zu fünf Jahren bestraft;

b) das gleiche Verbrechen wird bei Vorliegen erschwerender Umstände mit Freiheitsentziehung nicht unter drei Jahren bestraft;

c) das gleiche Verbrechen, im Kriege oder während des Kampfes begangen, wird mit der schwersten Kriminalstrafe bestraft — Erschießung, verbunden mit Konfiskation des gesamten Vermögens. [20. Oktober 1934 (GS Nr. 39, Art. 237)].

193[13]. Umgehung der Erfüllung der Militärdienstpflichten, insbesondere unter dem Vorwand religiöser oder sonstiger Überzeugungen, zieht, wenn die Merkmale der durch die übrigen Artikel dieses Kapitels vorgesehenen Verbrechen nicht vorliegen, nach sich —

die in Art. 193[2] vorgesehenen Maßnahmen des sozialen Schutzes.

193[14]. a) Gesetzwidrige Veräußerung, Verpfändung oder Gebrauchsüberlassung von fiskalischen Bekleidungs- und Ausrüstungsstücken, die zu vorübergehender oder dauernder Benutzung ausgegeben sind (Vergeudung), vorsätzliche Vernichtung oder Beschädigung dieser Gegenstände sowie Verletzung der Bestimmungen über ihre Aufbewahrung ziehen nach sich —

Freiheitsentziehung bis zu einem Jahr.

b) Bei Vorliegen mildernder Umstände ziehen die gleichen Handlungen nach sich —

Anwendung der Bestimmungen der Disziplinarordnung der Roten Armee der Arbeiter und Bauern.

c) Werden die gleichen Handlungen in bezug auf blanke Waffen, Schußwaffen, Patronen oder Beförderungsmittel begangen, die zum Dienstgebrauch ausgegeben sind, so ziehen sie nach sich —

Freiheitsentziehung bis zu drei Jahren.

d) Werden die in Absatz a) dieses Artikels vorgesehenen Handlungen im Kriege oder während des Kampfes begangen, so ziehen sie nach sich —

Freiheitsentziehung nicht unter einem Jahr.

e) Werden die in Absatz c) dieses Artikels vorgesehenenen Handlungen im Kriege oder während des Kampfes begangen, so ziehen sie nach sich —

Freiheitsentziehung nicht unter drei Jahren; bei Vorliegen erschwerender Umstände — die schwerste Maßnahme des sozialen Schutzes.

Anmerkung. Personen, die Gegenstände der in diesem Artikel bezeichneten Art annehmen, wissend, daß diese ⟨ihnen⟩ gesetzwidrig veräußert, verpfändet oder zu Gebrauch oder Aufbewahrung übergeben werden, sind als Teilnehmer verantwortlich.

193[15]. a) Verletzung der Bestimmungen über den Wach- oder Geleitdienst sowie der in Ausführung dieser Bestimmungen erlassenen Verfügungen zieht nach sich —

Freiheitsentziehung bis zu sechs Monaten.

b) Bei Vorliegen mildernder Umstände zieht die gleiche Handlung nach sich —

Anwendung der Bestimmungen der Disziplinarordnung der Roten Armee der Arbeiter und Bauern.

c) Verletzung der Bestimmungen über den Wachdienst, die bei der Bewachung von Waffen-, Munitions- oder Sprengstoffdepots sowie bei sonstigen Wachen von besonderer staatlicher oder militärischer Bedeutung begangen wird, zieht nach sich —

Freiheitsentziehung bis zu drei Jahren.

d) Hat die Verletzung der Bestimmungen über den Wach- oder Geleitdienst zum Eintritt der schädlichen Folgen geführt, zu deren Abwendung die betreffende Wache oder Eskorte eingesetzt war, so zieht sie nach sich —

Freiheitsentziehung nicht unter einem Jahr.

e) Die in den Absätzen c) und d) dieses Artikels vorgesehenen Handlungen ziehen, wenn sie während des Kampfes begangen werden, nach sich —

Freiheitsentziehung nicht unter drei Jahren; bei Vorliegen erschwerender Umstände — die schwerste Maßnahme des sozialen Schutzes. [15. Januar 1931 (GS Nr. 5, Art. 47)].

193[16]. a) Verletzung der Bestimmungen über den Innen(Schiffswach)-dienst durch eine Person, die zum Tagesdienst (abgesehen vom Wachdienst) kommandiert ist, zieht nach sich —

Freiheitsentziehung bis zu sechs Monaten.

b) Bei Vorliegen mildernder Umstände zieht die gleiche Handlung nach sich —

Anwendung der Bestimmungen der Disziplinarordnung der Roten Armee der Arbeiter und Bauern.

c) Hat die gleiche Handlung zum Eintritt der schädlichen Folgen geführt, deren Abwendung zu den Pflichten der betreffenden Person gehörte, so zieht sie nach sich —

Freiheitsentziehung bis zu zwei Jahren.

d) Wird die gleiche Handlung im Kriege oder während des Kampfes begangen, so zieht sie nach sich —

Freiheitsentziehung nicht unter einem Jahr.

e) Die durch den Absatz d) dieses Artikels vorgesehene Handlung zieht bei Vorliegen mildernder Umstände nach sich —

Freiheitsentziehung bis zu drei Jahren.

***193[17].** a) Mißbrauch der Amtsgewalt, Überschreitung der Amtsgewalt, Amtsuntätigkeit sowie Pflichtvergessenheit im Dienst seitens eines Angehörigen des Führungspersonals†) der Roten Armee der Arbeiter und Bauern ziehen, wenn diese Handlungen systematisch oder in der Absicht, sich zu bereichern, oder aus sonstigem persönlichen Interesse von ihm begangen werden, oder wenn sie die Desorganisation der ihm anvertrauten Streitkräfte, des ihm erteilten Auftrags, das Bekanntwerden von Kriegsgeheimnissen oder sonstige schwere Schäden zur Folge gehabt haben oder doch, wie er erkannte, hätten haben können, oder wenn sie im Kriege oder während des Kampfes begangen werden, nach sich —

Freiheitsentziehung nicht unter sechs Monaten.

b) Bei Vorliegen besonders erschwerender Umstände ziehen die gleichen Handlungen nach sich —

die schwerste Maßnahme des sozialen Schutzes.

c) Die gleichen Handlungen ziehen, wenn die in den Absätzen a) und b) dieses Artikels vorgesehenen besonderen Merkmale fehlen, nach sich —

Anwendung der Bestimmungen der Disziplinarordnung der Roten Armee der Arbeiter und Bauern.

193[18]. a) Handlungen und Anordnungen eines Vorgesetzten, die die ihm untergebenen Militärpersonen (oder deren Familien) an dem Genuß der für die Militärpersonen der Roten Armee der Arbeiter und Bauern und deren Familien festgesetzten Vergünstigungen und Vorteile hindern, ziehen nach sich —

Freiheitsentziehung bis zu einem Jahr.

b) Bei Vorliegen mildernder Umstände ziehen die gleichen Handlungen nach sich —

Anwendung der Bestimmungen der Disziplinarordnung der Roten Armee der Arbeiter und Bauern.

c) Werden die gleichen Handlungen systematisch oder in der Absicht, sich zu bereichern, oder aus sonstigem persönlichen Interesse begangen, so ziehen sie nach sich —

Freiheitsentziehung nicht unter einem Jahr.

193[19]. Gesetzwidrige Ausnutzung eines Untergebenen durch seinen Vorgesetzten zu persönlichen Diensten für den Vorgesetzten selbst, dessen Familie oder sonstige Personen zieht nach sich —

Freiheitsentziehung bis zu sechs Monaten.

193[20]. a) Übergabe der ihm anvertrauten Streitkräfte an den Feind, Imstichlassen vor dem Feinde, Vernichtung oder Unbrauchbarmachung der ihm anvertrauten Befestigungen, Kriegsschiffe, Kriegsluftfahrzeuge,

†) S. dazu Fußnote †) zu Art. 193[7].

Artillerie, Kriegsdepots und sonstiger Kriegsmittel sowie Nichtergreifen der notwendigen Maßnahmen zur Vernichtung oder Unbrauchbarmachung der vorbezeichneten Kriegsmittel, wenn die unmittelbare Gefahr ihrer Erbeutung durch den Feind droht und bereits alle Mittel zu ihrer Erhaltung erschöpft sind, seitens des Befehlshabers ziehen, wenn dies in der Absicht der Vorschubleistung zugunsten des Feindes geschieht, nach sich —

die schwerste Maßnahme des sozialen Schutzes, verbunden mit Vermögenskonfiskation.

b) Die gleichen Handlungen ziehen, wenn sie zwar nicht in der Absicht begangen werden, dem Feind Vorschub zu leisten, jedoch gegen die militärischen Vorschriften verstoßen, nach sich —

Freiheitsentziehung nicht unter drei Jahren; bei Vorliegen erschwerender Umstände — die schwerste Maßnahme des sozialen Schutzes, verbunden mit Vermögenskonfiskation.

193[21]. a) Eigenmächtige Abweichung eines Befehlshabers von den ihm für den Kampf erteilten Anweisungen in der Absicht, dem Feind Vorschub zu leisten, zieht nach sich —

die schwerste Maßnahme des sozialen Schutzes, verbunden mit Vermögenskonfiskation.

b) Die gleiche Handlung zieht, wenn sie zwar nicht in der Absicht begangen wird, dem Feind Vorschub zu leisten, jedoch gegen die militärischen Vorschriften verstößt, nach sich —

Freiheitsentziehung nicht unter drei Jahren; bei Vorliegen besonders erschwerender Umstände — die schwerste Maßnahme des sozialen Schutzes.

193[22]. Eigenmächtiges Verlassen des Schlachtfeldes während des Kampfes, durch die Kampflage nicht gerechtfertigtes Sich-gefangennehmen-lassen oder Weigerung, während des Kampfes die Waffen zu benutzen, sowie Überlaufen zum Feind ziehen nach sich —

die schwerste Maßnahme des sozialen Schutzes, verbunden mit Vermögenskonfiskation.

193[23]. Verlassen eines untergehenden Kriegsschiffes durch den Kommandanten vor vollständiger Erfüllung seiner Dienstpflichten sowie durch die übrigen Inhaber der Befehlsgewalt ohne die dazu erforderliche Anordnung des Kommandanten zieht nach sich —

die schwerste Maßnahme des sozialen Schutzes.

193[24]. Weitergabe von Nachrichten über die Streitkräfte und die Wehrfähigkeit der Union der SSR an ausländische Regierungen, feindliche Armeen und gegenrevolutionäre Organisationen sowie zwecks Weitergabe vorgenommene Entwendung oder Sammlung solcher Nachrichten ziehen nach sich —

Freiheitsentziehung nicht unter fünf Jahren, mit oder ohne Vermögenskonfiskation; in Fällen, in denen die Spionage besonders schwere Folgen für die Interessen der Union der SSR gehabt hat oder hätte haben können, — die schwerste Maßnahme des sozialen Schutzes, verbunden mit Vermögenskonfiskation.

193^{25}. a) Aufgehoben. [Dekret des Präsidiums des Obersten Sowjets der RSFSR vom 27. Juni 1947 („Mitteilungen des Obersten Sowjets der UdSSR“ 1947 Nr. 29)].

b) Die gleiche Handlung[1]) zieht, wenn sie zu besonders schweren Folgen geführt hat oder, wie der Täter erkannte, hätte führen können, nach sich —

die schwerste Maßnahme des sozialen Schutzes, verbunden mit Vermögenskonfiskation.

c) Verbreitung von militärischen Nachrichten, deren Bekanntgabe nicht gestattet ist, die aber ein besonders schutzwürdiges Geheimnis nicht darstellen, zieht nach sich —

Freiheitsentziehung bis zu einem Jahr.

d) Die in Absatz c) dieses Artikels vorgesehene Handlung zieht bei Vorliegen mildernder Umstände nach sich —

Anwendung der Bestimmungen der Disziplinarordnung der Roten Armee der Arbeiter und Bauern.

193^{26}. Unterhalten von Beziehungen zu Personen, die der feindlichen Armee angehören oder in feindlichem oder von feindlichen Truppen besetztem Gebiet wohnen, durch Briefwechsel oder andere Mittel zieht nach sich —

Freiheitsentziehung bis zu drei Jahren.

193^{27}. a) Entwendung von Sachen Toter oder Verwundeter auf dem Schlachtfeld (Marodieren) zieht nach sich —

Freiheitsentziehung nicht unter drei Jahren.

b) Bei Vorliegen erschwerender Umstände zieht die gleiche Handlung nach sich —

die schwerste Maßnahme des sozialen Schutzes, verbunden mit Vermögenskonfiskation.

193^{28}. Raub, Plünderung, gesetzwidrige Zerstörung von Vermögenswerten und Gewalttätigkeit sowie gesetzwidrige Wegnahme von Vermögensgegenständen unter dem Vorwand einer militärischen Notwendigkeit, die gegenüber der Bevölkerung im Gebiet der Kriegshandlungen begangen werden, ziehen nach sich —

Freiheitsentziehung nicht unter drei Jahren, mit oder ohne Vermögenskonfiskation; bei Vorliegen erschwerender Umstände — die schwerste Maßnahme des sozialen Schutzes, verbunden mit Vermögenskonfiskation.

193^{29}. a) Wiederholte oder mit besonderer Grausamkeit verbundene oder gegen Kranke oder Verwundete gerichtete schlechte Behandlung von Gefangenen sowie Nachlässigkeit in der Erfüllung der Pflichten gegenüber den bezeichneten Kranken oder Verwundeten seitens Personen, die für ihre Heilung und Pflege zu sorgen haben, zieht nach sich —

Freiheitsentziehung bis zu drei Jahren.

---

[1]) Der aufgehobene Absatz a) des Art. 193^{25} sah vor „Verbreitung von Nachrichten über die Streitkräfte und Wehrfähigkeit der Union der SSR, die ein besonders schutzwürdiges Geheimnis darstellen“

b) Schlechte Behandlung von Gefangenen ohne die vorbezeichneten erschwerenden Umstände zieht nach sich —

Anwendung der Bestimmungen der Disziplinarordnung der Roten Armee der Arbeiter und Bauern.

193^{30}. Widerrechtliches Tragen der Abzeichen des Roten Kreuzes oder Roten Halbmonds im Gebiet der Kriegshandlungen sowie Erteilung des Befehls zum widerrechtlichen Tragen durch den Vorgesetzten zieht nach sich —

Freiheitsentziehung bis zu einem Jahr.

193^{31}. Mißbräuchliche Benutzung von Flaggen und Abzeichen des Roten Kreuzes oder Roten Halbmonds oder des den Sanitätstransportmitteln vorbehaltenen Farbanstrichs während des Krieges zieht nach sich —

Freiheitsentziehung bis zu einem Jahr.

*Zehntes Kapitel[1])

Verbrechen, die Überreste von Stammesbräuchen bilden

194. Annahme einer Entschädigung in Form von Vermögensvorteilen, die von dem Mörder, seinen Eltern, seinen Verwandten oder seiner Sippe an die Eltern, Verwandten oder die Sippe des Erschlagenen als Abfindung für die Befreiung von der Rache oder gesetzlichen Verfolgung gezahlt wird, zieht nach sich —

Geldstrafe bis zum doppelten Wert der erhaltenen Entschädigung.

195. Umgehung der Aussöhnung mit dem Mörder und seiner Sippe in dem örtlich festgesetzten Sühneverfahren seitens der Sippengenossen des Erschlagenen sowie Behinderung der Aussöhnung —

Entfernung aus dem betreffenden Gebiet, mit oder ohne Konfiskation eines Teils des Vermögens.

196. Zahlung eines Lösegeld für die Braut (Kalym) durch den Bräutigam, seine Eltern, Verwandte oder Verschwägerte an die Eltern, Verwandten oder Verschwägerten der Braut in Form von Geld, Vieh, sonstigen Vermögensgegenständen oder persönlichen Arbeitsdiensten —

Freiheitsentziehung oder Besserungsarbeit bis zu einem Jahr.

Annahme eines Lösegeldes —

die gleichen Maßnahmen, verbunden mit einer Geldstrafe in Höhe des Lösegelds.

197. Nötigung einer Frau zur Eingehung der Ehe oder zur Fortsetzung der ehelichen Gemeinschaft sowie Raub einer Frau in der Absicht, mit ihr die Ehe einzugehen, —

Freiheitsentziehung bis zu zwei Jahren.

---

[1]) In der Fassung der am 6. April 1928 auf der 2. Tagung der XIII. Wahlperiode des WZIK angenommenen Verordnung (GS Nr. 47, Art. 356).

Anmerkung. Damit verbundene Notzucht an der Frau zieht die in den Art. 151 oder 153 dieses Gesetzbuchs vorgesehenen Maßnahmen nach sich.

198. Eingehung der Ehe mit einer Person, die die Ehereife noch nicht erreicht hat, —

Freiheitsentziehung bis zu zwei Jahren.

Eingehung der Ehe mit einer Person, die die Geschlechtsreife noch nicht erreicht hat, oder Nötigung zur Eingehung einer solchen Ehe —

die in Art. 151 dieses Gesetzbuchs vorgesehenen Maßnahmen.

199. Bigamie oder Polygamie —

Besserungsarbeit bis zu einem Jahr oder Geldstrafe bis zu eintausend Rubeln.

Anmerkung. Die Geltung der Strafgesetze, die die Bigamie und Polygamie verbieten, erstreckt sich nicht auf das Zusammenleben in Ehen, die vor Veröffentlichung dieser Gesetze geschlossen sind.

200. Eigenmächtige Fortnahme von Vieh oder sonstigen Vermögensgegenständen (Baranta), die ohne Zueignungsabsicht lediglich zu dem Zweck erfolgt, den Betroffenen oder seine Verwandten zu zwingen, für eine begangene Beleidigung Genugtuung oder für einen zugefügten Vermögensschaden Ersatz zu leisten, —

Besserungsarbeit bis zu sechs Monaten oder Geldstrafe bis zu fünfhundert Rubeln.

Die gleiche Handlung, unter Mitführung von Waffen begangen, —

Freiheitsentziehung bis zu einem Jahre.

Die gleiche Handlung, von einer Mehrheit von bewaffneten Verwandten begangen, ⟨zieht⟩ für die Veranstalter, Anstifter und Führer ⟨nach sich⟩ —

Freiheitsentziehung bis zu drei Jahren,

für die übrigen Teilnehmer —

Freiheitsentziehung bis zu einem Jahr.

201. Unter der Beteiligung einer großen Zahl von Sippen- oder Stammesgenossen aus Sippen- oder Stammesfeindschaft veranstalteter Überfall auf eine Person, eine Familie, eine Sippe oder einen Stamm, auf Wohnstätten oder Wohnorte ⟨zieht⟩ für die Veranstalter und Führer ⟨nach sich⟩ —

Freiheitsentziehung bis zu einem Jahre.

202. Gewalt, die jemandem während eines Zusammenstoßes (Art. 200 und 201) angetan wird: Totschlag, Körperverletzung, Versetzen von Schlägen usw. —

wird wie das Verbrechen verfolgt, unter dessen Merkmale diese Gewalttat fällt.

203. Anmaßung richterlicher Befugnisse durch Rechtsprechung gemäß den Gebräuchen der einheimischen Bevölkerung (Adat u. dgl.) unter Verletzung der Grundlagen des Sowjetrechts und Ausnutzung der aus den Beziehungen zum Stammesbrauch herrührenden Abhängigkeit der Parteien —

Besserungsarbeit bis zu einem Jahr oder Geldstrafe bis zu eintausend Rubeln.

204. Zwangserhebung von Abgaben für religiös-traditionelle Zwecke unter offensichtlicher Ausnutzung des aus dem Stammesbrauch herrührenden Abhängigkeitsverhältnisses der Zahlenden —

Besserungsarbeit bis zu sechs Monaten oder Geldstrafe bis zu eintausend Rubeln.

205. Die Geltung dieses Kapitels erstreckt sich auf die autonomen Republiken, autonomen Gebiete und andere Örtlichkeiten der RSFSR, in denen die in Kapitel X aufgeführten sozialgefährlichen Handlungen Überreste von Stammesbräuchen der das betreffende Gebiet bewohnenden Nationalitäten bilden.

Über die Abschaffung der Todesstrafe

Dekret des Präsidiums des Obersten Sowjets der UdSSR vom 26. Mai 1947 („Mitteilungen des Obersten Sowjets der UdSSR" 1947 Nr. 17)

Der historische Sieg des Sowjetvolkes über den Feind hat nicht nur die Machtzunahme des Sowjetstaates, sondern und vor allem auch die einzigartige Treue der gesamten Bevölkerung der Sowjetunion gegenüber der sowjetischen Heimat und der Sowjetführung dargetan.

Zugleich zeigt die internationale Lage in der seit der Kapitulation Deutschlands und Japans verflossenen Zeit, daß die Sache des Friedens, ungeachtet der Versuche aggressiver Elemente, einen Krieg zu provozieren, auf lange Zeit gesichert ist.

Mit Rücksicht auf diese Umstände und in Übereinstimmung mit den Wünschen der Gewerkschaften der Arbeiter und Angestellten und anderer maßgebender Organisationen, die die Meinung breiter Kreise der Öffentlichkeit zum Ausdruck bringen, — ist das Präsidium des Obersten Sowjets der UdSSR der Auffassung, daß die Anwendung der Todesstrafe unter den Bedingungen der Friedenszeit nicht mehr notwendig ist.

Das Präsidium des Obersten Sowjets der UdSSR verordnet:

1. Für die Friedenszeit wird die Todesstrafe, soweit die in der UdSSR geltenden Gesetze sie für Verbrechen vorsehen, abgeschafft.

2. Für Verbrechen, die nach den geltenden Gesetzen mit der Todesstrafe bestraft werden, tritt für die Friedenszeit an deren Stelle Einschließung in ein Besserungsarbeitslager für die Dauer von 25 Jahren.

3. Bei Verurteilungen zur Todesstrafe, die bis zur Veröffentlichung dieses Dekrets noch nicht vollstreckt worden sind, wird die Todesstrafe durch Beschluß des nächsthöheren Gerichts durch die in Artikel 2 dieses Dekrets vorgesehene Strafe ersetzt.

Über die Anwendung der Todesstrafe auf Vaterlandsverräter, Spione und Saboteure

Dekret des Präsidiums des Obersten Sowjets der UdSSR vom 12. Januar 1950 („Mitteilungen des Obersten Sowjets der UdSSR" 1950 Nr. 3)

Angesichts der von Seiten der nationalen Republiken, der Gewerkschaften, der bäuerlichen Organisationen sowie aus kulturellen Kreisen eingegangenen Eingaben, wonach es notwendig sei, das Dekret über die Abschaffung der Todesstrafe in dem Sinn zu ändern, daß es auf Vaterlandsverräter, Spione und Saboteure keine Anwendung findet, verordnet das Präsidium des Obersten Sowjets der UdSSR:

1. Als Ausnahme von dem Dekret des Präsidiums des Obersten Sowjets der UdSSR vom 26. Mai 1947 über die Abschaffung der Todesstrafe wird gegenüber Vaterlandsverrätern, Spionen und Saboteuren die Verhängung der Todesstrafe als Höchststrafe zugelassen.

2. Dieses Dekret tritt mit dem Tage seiner Veröffentlichung in Kraft.

Über die strafrechtliche Verantwortlichkeit für die rechtswidrige Aneignung †) von staatlichem und öffentlichem Vermögen

Dekret des Präsidiums des Obersten Sowjets der UdSSR vom 4. Juni 1947 („Mitteilungen des Obersten Sowjets der UdSSR" 1947, Nr. 19)

Um die Gesetzgebung über die strafrechtliche Verantwortlichkeit für die rechtswidrige Aneignung von staatlichem und öffentlichem Vermögen zu vereinheitlichen und den Kampf mit diesen Verbrechen zu verstärken, — verordnet das Präsidium des Obersten Sowjets der UdSSR:

1. Diebstahl, Unterschlagung††) oder sonstige rechtswidrige Aneignung von Gegenständen staatlichen Vermögens —

wird mit Einschließung in ein Besserungsarbeitslager auf die Dauer von sieben bis zu zehn Jahren, mit oder ohne Vermögenskonfiskation, bestraft.

2. Rechtswidrige Aneignung von Gegenständen staatlichen Vermögens, wiederholt oder von einer organisierten Gruppe (Bande) oder in großem Ausmaß begangen, —

wird mit Einschließung in ein Besserungsarbeitslager auf die Dauer von zehn bis zu zwanzig Jahren, verbunden mit Vermögenskonfiskation, bestraft.

3. Diebstahl, Unterschlagung††) oder sonstige rechtswidrige Aneignung von Gegenständen eines Kolchos-, Genossenschafts- oder sonstigen öffentlichen Vermögens —

wird mit Einschließung in ein Besserungsarbeitslager auf die Dauer von fünf bis zu acht Jahren, mit oder ohne Vermögenskonfiskation, bestraft.

4. Rechtswidrige Aneignung von Gegenständen eines Kolchos-, Genossenschafts- oder sonstigen öffentlichen Vermögens, wiederholt oder von einer organisierten Gruppe (Bande) oder in großem Ausmaß begangen, —

wird mit Einschließung in ein Besserungsarbeitslager auf die Dauer von acht bis zu zwanzig Jahren, verbunden mit Vermögenskonfiskation, bestraft.

5. Nichtanzeige einer in Vorbereitung befindlichen oder vollendeten rechtswidrigen Aneignung von Gegenständen staatlichen oder öffentlichen Vermögens gemäß Artikel 2 und 4 dieses Dekrets, von der man auf glaubwürdige Weise Kenntnis erlangt hat, bei den Organen der Staatsgewalt —

wird mit Freiheitsentziehung von zwei bis zu drei Jahren oder mit Verschickung auf die Dauer von fünf bis zu sieben Jahren bestraft.

---

†) „Rechtswidrige Aneignung" (russisch „chischtschenije") von staatlichem und öffentlichem Vermögen umfaßt jede Form der rechtswidrigen Überführung von Gegenständen des staatlichen und öffentlichen Vermögens in das eigene Vermögen, neben den Eigentumsdelikten i. e. S. also auch Betrug u. dgl.

††) S. oben Fußnote ††) zu Art. 116 des Gesetzbuchs.

Über die Verstärkung des Schutzes des persönlichen Eigentums der Bürger

Dekret des Präsidiums des Obersten Sowjets der UdSSR vom 4. Juni 1947 („Mitteilungen des Obersten Sowjets der UdSSR" 1947 Nr. 19)

Um den Schutz des persönlichen Eigentums der Bürger zu verstärken, verordnet das Präsidium des Obersten Sowjets der UdSSR:

1. Diebstahl, d. h. die heimliche oder offene Entwendung von Gegenständen des persönlichen Vermögens der Bürger —

wird mit Einschließung in ein Besserungsarbeitslager auf die Dauer von fünf bis zu sechs Jahren bestraft.

Diebstahl, als Bandendiebstahl oder wiederholt begangen, —

wird mit Einschließung in ein Besserungsarbeitslager auf die Dauer von sechs bis zu zehn Jahren bestraft.

2. Raub, d. h. der in der Absicht, sich fremde Vermögensgegenstände anzueignen, vorgenommene Überfall, verbunden mit Gewalt oder Androhung von Gewaltanwendung, —

wird mit Einschließung in ein Besserungsarbeitslager auf die Dauer von zehn bis zu fünfzehn Jahren, verbunden mit Vermögenskonfiskation, bestraft.

Raub, verbunden mit einer für das Leben oder die Gesundheit des Verletzten gefährlichen Gewaltanwendung oder mit der Androhung des Todes oder einer schweren Körperverletzung, oder als Bandentat oder wiederholt begangen, —

wird mit Einschließung in ein Besserungsarbeitslager auf die Dauer von fünfzehn bis zu zwanzig Jahren, verbunden mit Vermögenskonfiskation, bestraft.

3. Nichtanzeige eines sich in Vorbereitung befindlichen oder vollendeten Raubes, von dem man auf glaubwürdige Weise Kenntnis erlangt hat, bei den Organen der Staatsgewalt —

wird mit Freiheitsentziehung von einem bis zu zwei Jahren oder Verschickung auf die Dauer von vier bis zu fünf Jahren bestraft.

Über die Anwendung der Dekrete des Obersten Sowjets der UdSSR vom 4. Juni 1947 durch die Gerichte

Plenarbeschluß des Obersten Gerichtshofs der UdSSR vom 22. August 1947 Nr. 12/6

Angesichts der Fragen, die in der Gerichtspraxis im Zusammenhang mit dem Erlaß der Dekrete des Obersten Sowjets der UdSSR vom 4. Juni 1947 „Über die Verstärkung des Schutzes des persönlichen Eigentums der Bürger" und „Über die strafrechtliche Verantwortlichkeit für die rechtswidrige Aneignung von staatlichem und öffentlichem Vermögen" aufgetaucht sind, — hat der Justizminister der UdSSR gemäß Punkt „c" des Art. 7 der Verordnung über das Volkskommissariat der Justiz der UdSSR das Plenum des Obersten Gerichtshofs der UdSSR darum ersucht, den Gerichten in diesen Fragen leitende Weisungen zu erteilen.

Das Plenum des Obersten Gerichtshofs der UdSSR beschließt, den Gerichten folgende Weisungen zu erteilen:

1. Die in den bezeichneten Dekreten vorgesehenen Verbrechen sind, sofern sie nach deren Erlaß begangen sind, nach den entsprechenden Artikeln jener Dekrete zu beurteilen. Dementsprechend sind nicht mehr anzuwenden das Gesetz vom 7. August 1932, Art. 1 des Dekrets des Präsidiums des Obersten Sowjets der UdSSR vom 10. August 1940 „Über die strafrechtliche Verantwortlichkeit für leichte Diebstähle im Betrieb und Rowdytum" sowie die Artikel 59^{3a}, 116, 162, 165, 166, 166-a, 167 und 169 Abs. 2 des Strafgesetzbuchs der RSFSR und die entsprechenden Artikel der Strafgesetzbücher der anderen Unionsrepubliken.

2. Für Strafsachen, betreffend die in Art. 2 und 4 des Dekrets „Über die strafrechtliche Verantwortlichkeit für die rechtswidrige Aneignung von staatlichem und öffentlichem Vermögen" vorgesehenen Verbrechen, sind im Falle großen Ausmaßes des Entwendeten — die Gau-, Gebiets- und Kreisgerichte sowie die Obersten Gerichtshöfe der Unions- und autonomen Republiken zuständig. Für alle übrigen Strafsachen, betreffend die in den Dekreten vom 4. Juni 1947 vorgesehenen Verbrechen, sind — die Volksgerichte zuständig.

3. In allen Strafsachen, betreffend die in den Dekreten vom 4. Juni 1947 vorgesehenen Verbrechen, ist die Voruntersuchung obligatorisch.

Die Befassung des Gerichts mit diesen Sachen muß durch den Staatsanwalt erfolgen.

Über die Anwendung der Dekrete vom 4. Juni 1947 gegenüber Minderjährigen

Vgl. Plenarbeschluß des Obersten Gerichtshofs der UdSSR vom 17. Februar 1948 Nr. 4/2/U.

Über die Anwendung der Dekrete vom 4. Juni 1947

Plenarbeschluß des Obersten Gerichtshofs der UdSSR vom 19. März 1948 Nr. 6/4 U

Aus den vom Obersten Gerichtshof der UdSSR im Wege der Revision geprüften Strafsachen, betreffend die nach den Dekreten vom 4. Juni 1947 strafbaren Verbrechen, ist ersichtlich, daß die gerichtlichen Organe in einer Reihe von Fällen die Begriffe organisierte Gruppe (Bande) und wiederholte Begehung als qualifizierende Merkmale gemäß Art. 2 und 4 des Dekrets vom 4. Juni 1947 „Über die strafrechtliche Verantwortlichkeit für die rechtswidrige Aneignung von staatlichem und öffentlichem Vermögen" sowie gemäß Art. 1 Abs. 2 und Art. 2 Abs. 2 des Dekrets vom 4. Juni 1947 „Über die Verstärkung des Schutzes des persönlichen Eigentums der Bürger" unrichtig bestimmen. Ebenso findet sich gelegentlich eine unrichtige Beurteilung in Fällen des Raubes.

Mit Rücksicht hierauf beschließt das Plenum des Obersten Gerichtshofs der UdSSR, den Gerichten folgende leitende Weisungen zu erteilen:

1. Unter einer organisierten Gruppe oder Bande ist eine Gruppe von zwei oder mehr Personen zu verstehen, die sich im Voraus zur

Begehung einer oder mehrerer Aneignungstaten zusammengeschlossen haben. Dabei sind nach den entsprechenden Artikeln der Dekrete vom 4. Juni 1947 nicht nur die Rädelsführer, sondern auch die Teilnehmer der organisierten Gruppe (Bande) verantwortlich.

Da die Dekrete vom 4. Juni 1947 eine Verantwortlichheit nicht für die Beteiligung an der organisierten Gruppe (Bande), vielmehr für die Aneignungstat vorsehen, die von einer solchen Gruppe begangen ist, müssen die Gerichte beachten, daß in den Fällen, in denen die Gruppe die Ziele, für die sie geschaffen war, nicht erreicht hat, Art. 19 StGB RSFSR und die entsprechenden Artikel der Strafgesetzbücher der anderen Unionsrepubliken, d. h. die Vorschriften anzuwenden sind, die im Falle der Vorbereitung und des Versuchs gelten.

2. Wiederholte Begehung als qualifizierendes Merkmal ist sowohl dann anzunehmen, wenn der Angeklagte bereits für eine früher begangene Aneignungstat verurteilt ist, als auch dann, wenn das Gericht feststellt, daß der Angeklagte zwei oder mehr Aneignungstaten begangen hat, mag er auch für keine dieser Taten bereits früher verurteilt worden sein. Dabei ist wiederholte Begehung auch dann anzunehmen, wenn die früher begangene Aneignungstat schon vor Erlaß der Dekrete vom 4. Juni 1947 erfolgte. Die früher begangene Aneignungstat darf nur dann nicht als qualifizierendes Merkmal zugerechnet werden, wenn bezüglich dieses Verbrechens die Vorbestraftheit des Täters aufgehoben oder erloschen ist, oder die Verjährungsfristen abgelaufen sind (Art. 14, 15 und 55 StGB RSFSR und die entsprechenden Artikel der Strafgesetzbücher der anderen Unionsrepubliken).

3. Raub, begleitet von Gewaltanwendung, die den Tod oder eine schwere Körperverletzung des Verletzten zur Folge gehabt hat, ist als Raub, verbunden mit einer für das Leben oder die Gesundheit des Verletzten gefährlichen Gewaltanwendung, d. h. gemäß Art. 2 Abs. 2 des Dekrets vom 4. Juni 1947 „Über die Verstärkung des Schutzes des persönlichen Eigentums der Bürger“, zu beurteilen.

4. Rechtswidrige Aneignung von Vermögen, begangen unter den in Art. 59^3 StGB RSFSR und den entsprechenden Artikeln der Strafgesetzbücher der anderen Unionsrepubliken bezeichneten Umständen, ist nach diesen Artikeln und, in Tateinheit hiermit, nach den entsprechenden Artikeln der Dekrete vom 4. Juni 1947 zu beurteilen.

Über die Verantwortlichkeit für die Verbreitung eines Staatsgeheimnisses und für den Verlust von Urkunden, die ein Staatsgeheimnis enthalten

Dekret des Präsidiums des Obersten Sowjets der UdSSR vom 9. Juni 1947 („Mitteilungen des Obersten Sowjets der UdSSR“ 1947 Nr. 20)

Um die Gesetzgebung zu vereinheitlichen und die Verantwortlichkeit für die Verbreitung von Nachrichten zu verschärfen, die ein Staatsgeheimnis im Sinne des Verzeichnisses darstellen, das der Ministerrat der Union der SSR in seiner Verordnung vom 8. Juni d. J. aufgestellt hat, — verordnet das Präsidium des Obersten Sowjets der UdSSR:

Unionsgesetze

1. Verbreitung von Nachrichten, die ein Staatsgeheimnis darstellen, begangen von Personen, denen diese Nachrichten anvertraut waren, oder die diese Nachrichten kraft ihrer dienstlichen Stellung erlangen konnten, wird, sofern diese Handlung nicht als Vaterlandsverrat oder Spionage beurteilt werden kann, —

mit Einschließung in ein Besserungsarbeitslager auf die Dauer von acht bis zu zwölf Jahren bestraft.

2. Verbreitung von Nachrichten militärischen Charakters, die ein Staatsgeheimnis darstellen, durch eine Militärperson, wird, sofern diese Handlung nicht als Vaterlandsverrat oder Spionage beurteilt werden kann, —

mit Einschließung in ein Besserungsarbeitslager auf die Dauer von zehn bis zu zwanzig Jahren bestraft.

3. Verbreitung von Nachrichten, die ein Staatsgeheimnis darstellen, durch eine Privatperson, wird, sofern diese Handlung nicht als Vaterlandsverrat oder Spionage beurteilt werden kann, —

mit Einschließung in ein Besserungsarbeitslager auf die Dauer von fünf bis zu zehn Jahren bestraft.

4. Verlust von Materialien, Urkunden oder Druckschriften, die Nachrichten enthalten, die ein Staatsgeheimnis darstellen, durch einen Beamten wird, sofern nicht diese Handlung ihrer Art nach kraft Gesetzes eine schwerere Strafe nach sich zieht, —

mit Einschließung in ein Besserungsarbeitslager auf die Dauer von vier bis zu sechs Jahren bestraft.

Das gleiche Verbrechen wird, wenn es schwere Folgen hervorgerufen hat, —

mit Einschließung in ein Besserungsarbeitslager auf die Dauer von sechs bis zu zehn Jahren bestraft.

5. Verlust von Urkunden, die Nachrichten enthalten, die ein Staatsgeheimnis darstellen, durch ein Militärperson wird, sofern nicht diese Handlung ihrer Art nach kraft Gesetzes eine schwerere Strafe nach sich zieht, —

mit Einschließung in ein Besserungsarbeitslager auf die Dauer von fünf bis zu acht Jahren bestraft.

Das gleiche Verbrechen wird, wenn es besondere schwere Folgen hervorgerufen hat, —

mit Einschließung in ein Besserungsarbeitslager auf die Dauer von acht bis zu zwölf Jahren bestraft.

6. Mitteilung oder Weitergabe einer ein Staatsgeheimnis darstellenden Erfindung, Entdeckung oder technischen Verbesserung, die innerhalb der UdSSR oder im Ausland von einem sich dort in staatlichem Auftrag aufhaltenden Bürger der UdSSR gemacht worden ist, an das Ausland wird, sofern dieses Verbrechen nicht als Vaterlandsverrat oder Spionage beurteilt werden kann, —

mit Einschließung in ein Besserungsarbeitslager auf die Dauer von zehn bis zu fünfzehn Jahren bestraft.

7. Für Strafsachen, betreffend die in diesem Dekret vorgesehenen Verbrechen, sind die Militärtribunale zuständig.

8. Im Zusammenhang mit dem Erlaß dieses Dekrets sind als außer Kraft getreten anzusehen:

a) das Dekret des Präsidiums des Obersten Sowjets der UdSSR vom 15. November 1943 „Über die Verantwortlichkeit für die Verbreitung von Staatsgeheimnissen und für den Verlust von Urkunden, die ein Staatsgeheimnis enthalten";

b) Art. 25, Punkt „a" der „Verordnung über Militärverbrechen".

Die Obersten Sowjets der Unionsrepubliken werden ersucht, im Zusammenhang mit diesem Dekret die notwendigen Änderungen in der Gesetzgebung der Unionsrepubliken vorzunehmen.

Über die Aufstellung eines Verzeichnisses der Nachrichten, die ein Staatsgeheimnis darstellen und deren Verbreitung nach dem Gesetz bestraft wird

Verordnung des Ministerrats der UdSSR vom 8. Juni 1947 („Nachrichten der Sowjets der Abgeordneten der Werktätigen der UdSSR" Nr. 134 vom 10. Juni 1947)

Der Ministerrat der UdSSR hat die Aufstellung des nachfolgenden Verzeichnisses der Nachrichten verordnet, die ein Staatsgeheimnis darstellen:

Nachrichten militärischen Charakters

1. Organisation, Zahlenstärke, Standortverteilung, Kampfkraft, Bewaffnung, Ausrüstung, Gefechtsausbildung, materielle und finanzielle Versorgung, Mobilisierungs- und Operationspläne, betreffend die bewaffneten Streitkräfte der UdSSR im ganzen, die Waffengattungen sowie die militärischen Verbände, Truppenteile, Kriegsschiffe, militärischen Einheiten, Behörden, Anstalten und einzelnen militärischen Objekte.

2. Zusammensetzung, Ausmaß, Zustand, Standortverteilung und Bestimmung der staatlichen Mobilmachungsreserven aller Art, der staatlichen Material- und Verpflegungsreserven sowie der der Erfassung unterliegenden Menschenreserven sowohl in bezug auf die UdSSR im ganzen als auch in bezug auf die Unions- und autonomen Republiken, die Gaue, Gebiete, Basen, Industrie- und Verkehrsbetriebe sowie die Verbände, Truppenteile und Behörden der bewaffneten Streitkräfte der UdSSR.

3. Mobilisierungs- und Operationspläne sowie Berechnungen, Entwürfe und Maßnahmen, die mit den Mobilisierungsplänen zur Sicherung der Verteidigungsfähigkeit der UdSSR zusammenhängen: im Bereich der Staatsverwaltung, der Industrie, des Verkehrs- und Nachrichtenwesens und aller übrigen Zweige der Volkswirtschaft (sowohl im ganzen als auch im Hinblick auf die einzelnen Behörden, Unternehmen und territorialen Bezirke).

4. Standortverteilung, Ausrüstung, Finanzierungs- und Produktionspläne, Zustand. Produktionskraft sowie Produktionsnomenklatur und Produktionsausmaß der Kriegsindustrie sowie der ganzen übrigen Industrie, soweit sie Rüstungsaufträge ausführt.

5. Entdeckungen, Erfindungen und Verbesserungen, Forschungs- und experimentelle Arbeiten im Bereich technischer oder sonstiger Mittel zur Verteidigung der UdSSR.

6. Urkunden, Materialien und Druckschriften, die eine Beziehung zur Verteidigung der UdSSR haben, sowie Daten, die auf diese Urkunden, Materialien und Druckschriften gegründet sind.

Nachrichten wirtschaftlichen Charakters

7. Nachrichten, von denen der Ministerrat der UdSSR erklärt, daß sie der Geheimhaltung unterliegen: über die Industrie im ganzen oder einzelne ihrer Zweige, über die Landwirtschaft, den Handel und das Verkehrswesen.

8. Bestand der Währungsfonds, Nachrichten über die laufende Zahlungsbilanz und die finanzpolitischen Pläne der UdSSR. Nachrichten über Ort und Art der Aufbewahrung und Transporte von Edelmetallen des staatlichen Fonds, von Valuten und Banknoten.

9. Pläne und Planungsvorhaben, betreffend die Einfuhr und Ausfuhr bestimmter Waren, Bestand der Exportfonds bestimmter Waren.

10. Geologische Vorräte und Ausbeute an bunten und seltenen Metallen und Erden.

Nachrichten über Entdeckungen, Erfindungen und Verbesserungen nicht-militärischen Charakters

11. Entdeckungen, Erfindungen, technische Verbesserungen, Forschungs- und experimentelle Arbeiten auf allen Gebieten der Wissenschaft, Technik und Volkswirtschaft bis zu ihrem endgültigen Abschluß und der Erteilung der Erlaubnis zu ihrer Bekanntgabe.

Nachrichten anderer Art

12. Nachrichten, betreffend Verhandlungen und Übereinkünfte der UdSSR mit fremden Staaten, die Beziehungen der UdSSR zu diesen Staaten sowie alle anderen Maßnahmen auf dem Gebiete der Außenpolitik und des Außenhandels, die in den offiziell veröffentlichten Angaben nicht enthalten sind.

13. Staatliche Chiffren und der Inhalt eines chiffrierten Schriftverkehrs.

14. Andere Nachrichten, von denen der Ministerrat der UdSSR feststellen wird, daß ihre Verbreitung nicht gestattet ist.

Im Zusammenhang mit dem Erlaß dieser Verordnung ist die Verordnung des SNK der UdSSR vom 27. April 1926 „Über die Bestätigung des Verzeichnisses der Nachrichten, die ihrem Inhalt nach ein besonders geschütztes Staatsgeheimnis darstellen“ (GS UdSSR 1926, Nr. 32, Art. 213) als außer Kraft getreten anzusehen.

Über die strafrechtliche Veranwortlichkeit für die Herstellung und den Verkauf von Hausbranntwein

Dekret des Präsidiums des Obersten Sowjets der UdSSR vom 7. April 1948 („Mitteilungen des Obersten Sowjets der UdSSR" 1948 Nr. 14)

Um die Gesetzgebung über die strafrechtliche Verantwortlichkeit für die Herstellung und den Verkauf von Hausbranntwein zu vereinheitlichen und den Kampf mit diesen Verbrechen zu verstärken, verordnet das Präsidium des Obersten Sowjets der UdSSR:

1. Herstellung und Aufbewahrung von Hausbranntwein in der Absicht, ihn abzusetzen, Absatz von Hausbranntwein sowie Herstellung und gewerbsmäßiger Absatz von Apparaten, die speziell der Herstellung von Hausbranntwein dienen, —

wird mit Einschließung in ein Besserungsarbeitslager auf die Dauer von sechs bis zu sieben Jahren, verbunden mit völliger oder teilweiser Vermögenskonfiskation, bestraft.

2. Herstellung von Hausbranntwein ohne die Absicht, ihn abzusetzen, —

wird mit Freiheitsentziehung von einem bis zu zwei Jahren, verbunden mit Einziehung des Hausbranntweins und der Herstellungsgeräte, bestraft.

Über die Erklärung von Beamten, die als Staatsangehörige der UdSSR im Ausland in das Lager der Feinde der Arbeiterklasse und der Bauernschaft übergelaufen sind und sich weigern, in die Union der SSR zurückzukehren, als außerhalb des Gesetzes stehend

Verordnung des ZIK der UdSSR vom 21. November 1929 (GS UdSSR 1929 Nr. 76, Art. 732)

1. Die Weigerung eines Staatsangehörigen der UdSSR, der als Beamter bei einer staatlichen Behörde oder Unternehmung der UdSSR angestellt ist, die im Auslande tätig ist, auf Aufforderung der Organe der Staatsgewalt in die UdSSR zurückzukehren, wird als Überlaufen in das Lager der Feinde der Arbeiterklasse und der Bauernschaft angesehen und als Verrat beurteilt.

2. Personen, die sich weigern, in die Union der SSR zurückzukehren, werden als außerhalb des Gesetzes stehend erklärt.

3. Die Erklärung als außerhalb des Gesetzes stehend zieht nach sich:

a) die Konfiskation des gesamten Vermögens des Verurteilten,

b) die Erschießung des Verurteilten binnen 24 Stunden nach Feststellung seiner Person.

4. Sämtliche derartige Strafsachen werden vor dem Obersten Gerichtshof der Union der SSR verhandelt.

5. Die Namen der als außerhalb des Gesetzes stehend Erklärten werden allen Exekutivkomitees und den Organen der OGPU[1]) mitgeteilt.

6. Dieses Gesetz hat rückwirkende Kraft.

Über das Verbot des Verkaufs, des Tauschs und der Weggabe von Ausrüstungsgegenständen und Materialien und über die gerichtliche Verantwortlichkeit für diese ungesetzlichen Handlungen

Dekret des Präsidiums des Obersten Sowjets der UdSSR vom 10. Februar 1941 („Mitteilungen des Obersten Sowjets der UdSSR" 1941 Nr. 8)

[Auszug]

Die Interessen der sozialistischen Wirtschaft erfordern eine genaue Erfassung und planmäßige Neuverteilung aller in den Unternehmen vorhandener „überflüssiger", unausgenutzter Ausrüstungsgegenstände und Materialien.

Indessen findet in einer Reihe von Unternehmen der Industrie und des Verkehrs eine Verschleuderung von Ausrüstungsgegenständen und Materialien im Wege des Verkaufs und Tauschs mit anderen Unternehmen statt. Während der Staat den Unternehmen Ausrüstungsgegenstände und Materialien für besimmte Zwecke überläßt, verfügen die Leiter der Unternehmen eigenmächtig und in ungesetzlicher Weise darüber, verkaufen sie, tauschen sie und geben sie unter der Hand weg.

In Anbetracht dessen, daß der Verkauf sogenannter demontierter und überflüssiger Ausrüstungsgegenstände in Wahrheit, wie die Erfahrung lehrt, nichts anderes darstellt als eine getarnte Aneignung sozialistischen Eigentums, ordnet das Präsidium des Obersten Sowjets der UdSSR an:

1. Den Unternehmen wird der Verkauf, der Tausch und die Weggabe von Ausrüstungsgegenständen und Materialien, die sich als überflüssig oder unausgenutzt erwiesen haben, verboten.

2. Der Verkauf, der Tauch und die Weggabe von Ausrüstungsgegenständen und Materialien, die sich als überflüssig oder nicht ausgenutzt erwiesen haben, sowie deren ungesetzlicher Erwerb — stellen ein Verbrechen dar, das gleichbedeutend ist mit der rechtswidrigen Aneignung sozialistischen Eigentums. Deshalb sind Personen, die sich dieser Verbrechen schuldig machen, vor Gesicht zu stellen und durch Gerichtsurteil — mit Gefängnis von zwei bis zu fünf Jahren zu bestrafen.

3. Alle in den Unternehmen vorhandenen überzähligen Ausrüstungsgegenstände und als überflüssig oder unausgenutzt ermittelten Materialien unterliegen einer besonderen Erfassung und Neuverteilung gemäß den Anordnungen des Rats der Volkskommissare der Union der SSR.

4. Der Staatsanwalt der Union der SSR wird beauftragt, für die strikte Durchführung dieses Dekrets zu sorgen.

---

[1]) Die OGPU ist in das NKWD eingegliedert worden (GS UdSSR 1934 Nr. 36, Art. 283).

Über die strafrechtliche Verantwortlichkeit für das eigenmächtige Fahren in Güterzügen und das eigenmächtige unnötige Anhalten eines Zuges mittels einer Notbremse

**Dekret des Präsidiums des Obersten Sowjets der UdSSR vom 9. April 1941
(„Mitteilungen des Obersten Sowjets der UdSSR" 1941 Nr. 16)**

1. Eigenmächtiges Fahren in Güterzügen wird durch gerichtliches Urteil mit Gefängnis von einem Jahr bestraft.

2. Eigenmächtiges unnötiges Anhalten eines Zuges mittels einer Notbremse wird durch gerichtliches Urteil mit Gefängnis von einem bis zu drei Jahren bestraft, sofern nicht diese Tat ihrem Charakter nach kraft Gesetzes eine schwerere Strafe nach sich zieht.

Über die Verantwortlichkeit für die ungesetzliche Verleihung von Orden und Medaillen der UdSSR und von Abzeichen, für die Aneignung von Orden, Medaillen und Abzeichen und für ihre Weitergabe durch die Ausgezeichneten an andere Personen

**Dekret des Präsidiums des Obersten Sowjets der UdSSR vom 2. Mai 1943
(„Mitteilungen des Obersten Sowjets der UdSSR" 1943 Nr. 18)**

[Auszug]

Das Präsidium des Obersten Sowjets der UdSSR verordnet:

1. Wer sich der ungesetzlichen Verleihung von Orden und Medaillen der UdSSR und von Abzeichen an Personen schuldig macht, die keine unmittelbare Beziehung zur Armee oder Flotte haben, wird wegen eines Amtsverbrechens strafrechtlich zur Verantwortung gezogen und mit Gefängnis von sechs Monaten bis zu zwei Jahren bestraft.

2. Wer sich der Aneignung von Orden, Medaillen oder Abzeichen schuldig macht, wird mit Gefängnis von zwei bis zu drei Jahren bestraft.

3. Wer sich des Verkaufs oder der schenkweisen Weitergabe eines Ordens, einer Medaille oder eines Abzeichens an eine andere Person schuldig macht, verliert das Recht auf die Auszeichnung und wird mit Gefängnis von einem bis zu drei Jahren bestraft.

4. Das Tragen eines Ordens, einer Medaille oder eines Abzeichens durch Personen, die kein Recht dazu haben, wird mit Gefängnis von sechs Monaten bis zu einem Jahr bestraft.

Beamte, die für die Aufbewahrung von Orden, Medaillen und Abzeichen (in Lazaretten, bei Stäben, Gerichtsbehörden u. dgl.) verantwortlich sind und deren Nachlässigkeit die Entwendung eines Ordens, einer Medaille oder eines Abzeichens ermöglicht hat, werden mit Gefängnis von einem bis zu zwei Jahren bestraft.

Materialien zu einzelnen Artikeln des StGB

Zu Artikel 7

Über den Grundsatz, daß die Gerichte Strafen nur gegen Personen verhängen dürfen, die ein bestimmtes Verbrechen begangen haben.

§ 1. Entsprechend dem allgemeinen Geist der sowjetischen Strafgesetzgebung darf das Gericht Strafe nur dann verhängen, wenn der Angeklagte der Begehung eines bestimmten Verbrechens für schuldig befunden wird. So dürfen gemäß Art. 6 der Grundsätze der Strafgesetzgebung der UdSSR und der Unionsrepubliken Strafmaßnahmen in einem gerichtlichen Verfahren nur gegen Personen verhängt werden, die den sozialgefährlichen Charakter der Folgen ihrer Tat vorausgesehen haben oder hätten voraussehen müssen. Somit darf nach dem unmittelbaren Sinn dieses Artikels das Gericht bei Vorliegen vorsätzlicher oder fahrlässiger Schuld Strafe nur gegen eine Person verhängen, die eine bestimmte sozialgefährliche Handlung oder Unterlassung begangen hat. Folglich wird kraft des angeführten Artikels die Möglichkeit ausgeschlossen, daß das Gericht Strafen gegen Personen verhängt, die nicht für schuldig befunden worden sind, das eine oder andere bestimmte Verbrechen begangen zu haben.

In gleicher Weise bestimmt auch Art. 6 Punkt „e“ der „Grundzüge des Strafgerichtsverfahrens der UdSSR und der Unionsrepubliken“, daß eine Strafverfolgung nicht eingeleitet und eine eingeleitete Verfolgung nicht fortgesetzt werden darf, vielmehr in jedem Stadium des Verfahrens einzustellen ist, wenn die Handlungen des Beschuldigten nicht unter den Tatbestand eines Verbrechens fallen. Somit setzt auch nach dem Sinn dieses Gesetzes die Verhängung von Strafe in einem gerichtlichen Verfahren notwendig das Vorliegen eines von dem Beschuldigten begangenen bestimmten Verbrechens voraus.

Von dieser allgemeinen Regel enthalten die Grundsätze eine Abweichung lediglich im Hinblick auf die Verschickung und Ausweisung†). Gemäß Art. 22 der Grundsätze kann die Strafe der Verschickung oder Ausweisung auf Antrag der Staatsanwaltschaft durch Gerichtsurteil gegen Personen, die für sozialgefährlich erkannt worden sind, ohne Rücksicht darauf verhängt werden, ob sie für die Begehung eines bestimmten Verbrechens gerichtlich zur Verantwortung gezogen werden, und ferner auch dann verhängt werden, wenn das Gericht sie von der Anklage, ein bestimmtes Verbrechen begangen zu haben, freispricht. Diese Bestimmung ist in die Strafgesetzbücher einer Anzahl Unionsrepubliken übernommen worden (Art. 34 StGB Ukr. SSR, Art. 29 StGB BSSR, Art. 32 StGB Turkm. SSR, Art. 38 StGB Usb. SSR, Art. 36 StGB Grus. SSR, Art. 35 StGB Arm. SSR).

Indessen muß angenommen werden, daß diese Abweichung von den allgemeinen Regeln der sowjetischen Strafgesetzgebung im Zusammenhang mit dem späteren Erlaß des Gesetzes über die Gerichtsverfassung der UdSSR, der Unions- und autonomen Republiken hinfällig geworden ist, dessen Regelung der Voraussetzungen einer gerichtlichen Strafverhängung die genannte Abweichung nicht enthält. Gemäß Art. 4 Punkt „a“ dieses Gesetzes verwirklichen die Gerichte in der UdSSR die Aufgaben der Rechtspflege durch Untersuchung von Strafsachen in gerichtlicher

†) S. oben Fußnote †) zu Art. 20 des Gesetzbuchs.

Verhandlung und durch Verhängung der im Gesetz bestimmten Strafmaßnahmen gegen Vaterlandsverräter, Schädlinge, Defraudanten sozialistischen Eigentums und andere Volksfeinde sowie gegen Räuber, Diebe, Rowdies und andere Verbrecher. Somit darf, nach dem Sinn dieses Gesetzes, das Gericht Strafe lediglich gegen Personen verhängen, die bestimmte Verbrechen begangen haben, Verbrechen, von denen das Gesetz selbst eine beispielsweise, nicht aber eine erschöpfende Aufzählung gibt.

Angesichts des Dargelegten und in Anbetracht dessen, daß mit dem Erlaß des Gesetzes über die Gerichtsverfassung als des späteren Gesetzes alle früher erlassenen Normen, die mit diesem in Widerspruch stehen, als außer Kraft gesetzt angesehen werden müssen, — beschließt das Plenum des Obersten Gerichtshofs der UdSSR, den Gerichten folgende Weisung zu geben:

Die durch das Gesetz bestimmten Kriminalstrafen, einschließlich der Verschickung und Ausweisung, dürfen im gerichtlichen Verfahren durch Urteil des Gerichts nur dann verhängt werden, wenn der Angeklagte durch das Urteil der Begehung eines bestimmten Verbrechens für schuldig befunden wird. [Plenarbeschluß des Obersten Gerichtshofs der UdSSR vom 12. Juli 1946 Nr. 8/5/U].

Zu Artikel 12

§ 1. Zwecks schleunigster Liquidierung der Kriminalität unter den Minderjährigen verordnen das ZIK und der SNK der UdSSR:

1. Minderjährige, die das zwölfte Lebensjahr vollendet haben und des Diebstahls, der Gewalttätigkeit, der Körperverletzung, der Verstümmelung, der Tötung oder des Tötungsversuchs überführt sind, werden strafgerichtlich zur Verantwortung gezogen, wobei die Verhängung sämtlicher Arten von Kriminalstrafen zulässig ist.

2. Personen, die überführt sind, Minderjährige zur Teilnahme an irgendwelchen Verbrechen angestiftet oder herangezogen oder sie zur Beschäftigung mit Spekulation, Prostitution, Bettelei u. dgl. genötigt zu haben, werden mit Gefängnis nicht unter fünf Jahren bestraft. [Verordnung des ZIK und SNK der UdSSR vom 7. April 1935 (GS UdSSR Nr. 19, Art. 155)].

§ 2. Minderjährige, die das zwölfte Lebensjahr vollendet haben und überführt sind, Handlungen begangen zu haben, die (wie das Aufschrauben von Schienen, das Belegen der Schienen mit irgendwelchen Gegenständen u. dgl.) einen Eisenbahnunfall zur Folge haben können, werden strafgerichtlich zur Verantwortung gezogen, wobei die Verhängung sämtlicher Arten von Kriminalstrafen zulässig ist. [Dekret des Präsidiums des Obersten Sowjets der UdSSR vom 10. Dezember 1940 („Mitteilungen des Obersten Sowjets der UdSSR“ 1940 Nr. 52)].

§ 3. Für Verbrechen, die in der Verordnung des ZIK und des Rats der Volkskommissare der UdSSR vom 7. April 1935 „Über Maßnahmen zur Bekämpfung der Kriminalität unter den Minderjährigen“ und im Dekret des Präsidiums des Obersten Sowjets der UdSSR vom 10. Dezember 1940 „Über die strafrechtliche Verantwortlichkeit Minderjähriger für Handlungen, die einen Eisenbahnunfall herbeiführen können“ nicht vorgesehen sind, werden Minderjährige von der Vollendung des 14. Lebensjahres an strafrechtlich zur Verantwortung gezogen. [Dekret des Präsidiums des Obersten Sowjets der UdSSR vom 31. Mai 1941 („Mitteilungen des Obersten Sowjets der UdSSR“ 1941 Nr. 25)].

§ 4. Aus dem Bericht des Staatsanwalts der UdSSR und dem Plenarbeschluß des Obersten Gerichtshofs der UdSSR vom 20. März 1941 entnimmt das Präsidium des Obersten Sowjets der UdSSR, daß der Oberste Gerichtshof der UdSSR bei der Behandlung von Fällen solcher Verbrechen Minderjähriger, die die Verordnung des ZIK und SNK der UdSSR vom 7. April 1935 „Über Maßnahmen zur Bekämpfung der Kriminalität unter den Minderjährigen“ vorsieht, davon ausgeht, die Minderjährigen seien nur dann gerichtlich verantwortlich, wenn sie das Verbrechen vorsätzlich begangen haben.

Das Präsidium des Obersten Sowjets der UdSSR erklärt, daß eine solche Anwendung der Verordnung des ZIK und SNK vom 7. April 1935 „Über Maßnahmen zur Bekämpfung der Kriminalität unter den Minderjährigen“ durch den Obersten Gerichtshof der UdSSR dem Text des Gesetzes nicht entspricht, Einschränkungen einführt, die das Gesetz nicht vorsieht und sich im Widerspruch zu Art. 6 der Grundsätze der Strafgesetzgebung der Union der SSR und der Unionsrepubliken befindet, demzufolge eine strafrechtliche Verantwortlichkeit sowohl im Falle vorsätzlicher als auch im Falle fahrlässiger Begehung eines Verbrechens gegeben ist.

Das Präsidium des Obersten Sowjets der UdSSR ersucht den Obersten Gerichtshof der UdSSR, die Verordnung des ZIK und SNK der UdSSR vom 7. April 1935 „Über Maßnahmen zur Bekämpfung der Kriminalität unter den Minderjährigen“ in genauer Übereinstimmung mit dem Text des Geseztes und der geltenden Strafgesetzgebung der UdSSR anzuwenden.

Durch das vorstehende Dekret wird der für Minderjährige vorgesehene Vollzug der Strafe in Besserungsarbeitskolonien für Kinder nicht aufgehoben. [Dekret des Präsidiums des Obersten Sowjets der UdSSR vom 7. Juli 1941 („Mitteilungen des Obersten Sowjets der UdSSR“ Nr. 32 vom 18. Juli 1941)].

§ 5. Vgl. Plenarbeschluß des Obersten Gerichtshofs der UdSSR vom 17. Februar 1948 Nr. 4/2/U „Über die Anwendung der Dekrete des Präsidiums des Obersten Sowjets der UdSSR vom 4. Juni 1947 gegenüber Minderjährigen“.

Zu Artikel 14

§ 1. Vgl. Plenarbeschluß des Obersten Gerichtshofs der UdSSR Nr. 6/4/U vom 19. März 1948 (oben S. 74).

Zu Artikel 18

§ 1. Vgl. die Dekrete des Präsidiums der Obersten Sowjets der UdSSR vom 4. Juni 1947 (oben S. 72, 73).

Zu Artikel 19

§ 1. Vgl. Plenarbeschluß des Obersten Gerichtshofs der UdSSR Nr. 6/4/U vom 19. März 1948 (oben S. 74).

Zu Artikel 20

§ 1. Vgl. § 2 zu Art. 28.

Zu Artikel 27

§ 1. Die Aberkennung der Staatsangehörigkeit der UdSSR kann erfolgen:

a) durch Gerichtsurteil — in den gesetzlich vorgesehenen Fällen,

b) kraft besonderen, jeweils für den Einzelfall ergehenden Dekrets des Obersten Sowjets der UdSSR. [Art. 7 des Gesetzes über die Staatsangehörigkeit der UdSSR, angenommen durch den Obersten Sowjet der UdSSR am 19. August 1938 („Mitteilungen des Obersten Sowjets der UdSSR" 1938 Nr. 11)].

Zu Artikel 28

§ 1. Die geltende Strafgesetzgebung der UdSSR und der Unionsrepubliken sieht für die Bekämpfung von Spionage, Schädlingsarbeit und Versuchen, Sprengstoffattentate, Eisenbahnattentate, Brandstiftungen mit Menschenopfern und andere Sabotageakte zu organisieren, als Kriminalstrafen vor — Freiheitsentziehung bis zu 10 Jahren und für die schwersten Fälle von Staatsverbrechen — die Höchststrafe (Erschießung).

Um den Kampf mit dieser Art Verbrechen weiterzuführen und dem Gericht die Möglichkeit zu geben, bei diesen Verbrechen nicht nur die Höchststrafe (Erschießung), sondern auch Freiheitsentziehung von längerer Dauer zu wählen, verordnet das ZIK der UdSSR:

1. In Abänderung des Art. 18 der Grundsätze der Strafgesetzgebung der UdSSR und der Unionsrepubliken wird als Kriminalstrafe Freiheitsentziehung bis zu 25 Jahren eingeführt.

2. Die Zentralexekutivkomitees der Unionsrepubliken werden ersucht, ihre Gesetzgebung mit dieser Verordnung in Übereinstimmung zu bringen. [Verordnung des ZIK der UdSSR vom 2. Oktober 1937 (GS UdSSR Nr. 66, Art. 297)].

§ 2. Dem Obersten Gerichtshof der Union der SSR, den Obersten Gerichtshöfen der Unionsrepubliken, den Gau- und Gebietsgerichten, den Eisenbahn- und Wasserstraßenverkehrsgerichten sowie den Militärtribunalen wird die Befugnis eingeräumt, gegen Personen, die wegen besonders gefährlicher Verbrechen verurteilt sind, Freiheitsentziehung in der Form der Einschließung in ein Gefängnis zu verhängen. [Art. 1 der Verordnung des ZIK und SNK der UdSSR vom 8. August 1936 (GS UdSSR Nr. 44, Art. 370), Anm. zu Art. 20 StGB].

Zu Artikel 30

§ 1. 1. Gemäß Verordnung des Präsidiums des ZIK der UdSSR vom 27. März 1933 wird Besserungs-(Zwangs-)Arbeit von Arbeitern, Angestellten und Kolchosbauern in der Regel an ihrer Arbeits- oder Dienststelle abgeleistet. Wenn das Gericht dem Verurteilten als Maßnahme des sozialen Schutzes Besserungsarbeit bis zu 6 Monaten auferlegt und es dabei für notwendig erachtet, daß der Verurteilte diese Arbeit in Ausnahme von der allgemeinen Regel nicht an seiner Arbeits- oder Dienststelle ableistet, — so ist es verpflichtet, einen begründeten Hinweis hierauf ins Urteil aufzunehmen.

Zugleich kann das Gericht, wenn es zu Besserungsarbeit bis zu sechs Monaten an der ⟨bisherigen⟩ Arbeits- oder Dienststelle verurteilt, eine zusätzliche Anordnung darüber treffen, daß der Verurteilte in einer weniger verantwortlichen Arbeit oder Dienststellung zu verwenden ist.

Wenn das Gericht gegen den Verurteilten auf Besserungsarbeit von mehr als 6 Monaten erkennt und es dabei für notwendig erachtet, daß diese Arbeit nicht an der ⟨bisherigen⟩ Arbeits- oder Dienststelle abgeleistet wird, so ist es verpflichtet, darauf im Urteil besonders hinzuweisen. Fehlt ein solcher Hinweis des Gerichts, so wird die Arbeit an der ⟨bisherigen⟩ Arbeits- oder Dienststelle abgeleistet, wobei das Gericht in diesen Fällen eine zusätzliche Anordnung darüber treffen kann, daß der Verurteilte im Interesse der Sache in einer weniger verantwortlichen Arbeit oder Dienststellung zu verwenden ist.

Eine Verurteilung zu Besserungsarbeit an der ⟨bisherigen⟩ Arbeits- oder Dienststelle hindert, für welche Dauer sie auch ausgesprochen sein mag, die Verwaltung des Unternehmens oder der Behörde, in denen der Verurteilte arbeitet, in keiner Weise daran, diesen in einer anderen Arbeit zu verwenden oder ihn in Übereinstimmung mit der geltenden Arbeitsgesetzgebung zu entlassen.

2. Wenn auf Besserungsarbeit gegen eine Person erkannt wird, die ein Wahlamt innehat, so teilt das Gericht eine Abschrift seines Urteils der Organisation oder dem Kollektiv mit, die die Wahl durchgeführt haben. Von diesen letzteren hängt es ab, ob sie den Verurteilten in dem Wahlamt belassen oder ihn abberufen.

3. Für den Fall, daß das Gericht auf Besserungsarbeit gegen Personen in verantwortlicher leitender Stellung erkennt, kann es zusätzlich über die Frage entscheiden, ob die betreffende Person in ihrer Dienststellung belassen werden kann oder nicht, und in Verbindung damit gemäß Art. 23 und 37 StGB RSFSR und den entsprechenden Artikeln der Strafgesetzbücher der anderen Unionsrepubliken auf befristete Entfernung aus der Stellung als eine die Hauptmaßnahme ergänzende Maßnahme des sozialen Schutzes erkennen.

Wird eine solche zusätzliche Maßnahme nicht verhängt, so ist das Gericht jedenfalls verpflichtet, eine Abschrift seines Urteils den betroffenen Behörden und Organen mitzuteilen, von denen es abhängt, ob die Person in verantwortlicher Stellung aus dieser Stellung entfernt oder darin belassen wird.

[Plenarbeschluß des Obersten Gerichtshofs der UdSSR 1933].

§ 2. Bei Verurteilung zu Besserungs-(Zwangs-)Arbeit nach Weisung der Organe des NKWD („nach allgemeinen Grundsätzen") haben die Gerichte in einer Reihe von Fällen keine Bestimmung darüber getroffen, in welchem Umfange ein Abzug vom Arbeitsentgelt des Verurteilten vorzunehmen ist, mit der Folge, daß der Umfang des Abzugs im Rahmen der Urteilsvollstreckung von den Inspektionen für Besserungsarbeit des NKWD festgesetzt worden ist.

Das Plenum des Obersten Gerichtshofs der UdSSR beschließt, den Gerichten folgende Weisung zu erteilen:

Mit Rücksicht darauf, daß bei einer Verurteilung zu Besserungsarbeit der Abzug vom Arbeitsentgelt Bestandteil der Strafe ist, muß der Umfang dieses Abzugs in dem im Gesetz dafür vorgesehenen Rahmen, d. h. bis zu 25%, — ebenso wie die Dauer der Strafe — durch das Urteil des Gerichts festgesetzt werden, und zwar sowohl bei Besserungsarbeit an der ⟨bisherigen⟩ Arbeitsstelle als auch bei Besserungsarbeit nach allgemeinen Grundsätzen. [Plenarbeschluß des Obersten Gerichtshofs der UdSSR vom 8. Juni 1942 Nr. 11/M/3/U].

§ 3. Im Fall der Verurteilung einer Person, die einziger Elternteil eines Kindes ist, zu Besserungsarbeit auf die Dauer von mehr als einem Monat, die außerhalb des ständigen Wohnsitzes abzuleisten ist, muß das Gericht zwingend vorschreiben, daß der Verurteilte die Besserungsarbeit am Wohnsitz des Kindes abzuleisten hat. [Art. 4 der Verordnung des WZIK und SNK der RSFSR vom 10. November 1934 (GS RSFSR Nr. 40 Art. 252)].

§ 4. Für den Fall, daß Personen, die zu Besserungsarbeit nach allgemeinen Grundsätzen verurteilt sind, sich böswillig der Ableistung dieser Arbeit entziehen, können die Gerichte gemäß Art. 26 des Besserungsarbeitsgesetzbuches der RSFSR und den entsprechenden Artikeln der Besserungsarbeitsgesetzbücher der anderen Unionsrepubliken solchen Personen gegenüber die Besserungsarbeit in Freiheitsentziehung auf eine die Dauer der Besserungsarbeit nicht überschreitende Zeit umwandeln.

Eine solche Umwandlung wird entweder von dem Gericht, das das Urteil gefällt hat, oder von dem Gericht des Orts der Urteilsvollstreckung gemäß dem in Art. 461 und 462 der StPO der RSFSR und in den entsprechenden Artikeln der Strafprozeßordnungen der anderen Unionsrepubliken vorgesehenen Verfahren vorgenommen. [Plenarbeschluß des Obersten Gerichtshofs der UdSSR vom 23. September 1939].

Zu Artikel 40

§ 1. 1. Die Konfiskation des gesamten Vermögens des Verurteilten erstreckt sich sowohl auf sein persönliches Eigentum als auch auf seinen Anteil am Gemeineigentum, einschließlich des Anteils am Vermögen des Bauernhofs. Diese Bestimmung ist in Art. 40 StGB RSFSR ausdrücklich ausgesprochen; sie entspricht auch der Gesetzgebung der anderen Unionsrepubliken.

2. In den Fällen, in denen das Gesetz für das betreffende Verbrechen als Nebenstrafe obligatorische Konfiskation des gesamten Vermögens vorsieht, sowie in den Fällen, in denen das Gericht bei Verbrechen, für die im Gesetz vollständige oder teilweise Vermögenskonfiskation vorgesehen ist, es für notwendig erachtet, die Konfiskation auf das gesamte Vermögen des Verurteilten zu erstrecken, — ist im Urteil die Formel „in Verbindung mit Konfiskation des gesamten Vermögens“ anzuwenden. Die Formel „in Verbindung mit Konfiskation des dem Verurteilten persönlich gehörenden Vermögens“ ist ungenau.

Wenn jedoch das Gericht in den Fällen, in denen das Gesetz das zuläßt, es für notwendig erachtet, einen Teil des Vermögens des Verurteilten zu konfiszieren, muß im Urteil der Teil des Vermögens, der der Konfiskation unterliegt, genau bestimmt werden, sei es durch Feststellung einer Quote des gesamten Vermögens, sei es durch Aufzählung der konfiszierten Gegenstände.

3. Für früher gefällte und noch nicht vollstreckte Urteile, die die Formel „in Verbindung mit Konfiskation des dem Verurteilten persönlich gehörenden Vermögens“ enthalten, gelten folgende Richtlinien:

a) wenn ein solches Urteil in einer Sache ergangen ist, die ein Verbrechen betrifft, für das das Gesetz Konfiskation des gesamten Vermögens vorsieht, — so erstreckt sich die Konfiskation sowohl auf das persönliche Eigentum des Verurteilten als auch auf seinen Anteil am Gemeineigentum, einschließlich seines Anteils am Bauernhof;

b) in den übrigen Fällen — hat das Gericht Weisungen über die Vollstreckung des Urteils gemäß Art. 461 StPO RSFSR und den entsprechenden Artikeln der Strafprozeßordnungen der anderen Unionsrepubliken zu erteilen.

4. Der der Konfiskation unterliegende Anteil des Verurteilten am Gemeineigentum, einschließlich des Anteils am Eigentum des Bauernhofs, bestimmt sich nach Art. 51 der Instruktion des NKJu der UdSSR vom 28. September 1939 über die Vollstreckung gerichtlicher Entscheidungen. [Plenarbeschluß des Obersten Gerichtshofs der UdSSR vom 21. November 1947 Nr. 16/8/U].

Zu Artikel 47

§ 1. Vgl. Plenarbeschluß des Obersten Gerichtshofs der UdSSR vom 19. März 1948 Nr. 6/4/U (oben S. ...).

Zu Artikel 49

§ 1. 1) Gemäß dem unmittelbaren Sinn des Art. 33 der Grundsätze der Strafgesetzgebung der UdSSR und der Unionsrepubliken hat das Gericht bei der Bemessung der Maßnahmen des sozialen Schutzes in den Fällen, in denen die von dem Angeklagten begangene Tat gleichzeitig die Merkmale mehrerer Verbrechen aufweist (Idealkonkurrenz), ebenso wie dann, wenn der Angeklagte schuldig befunden wird, mehrere selbständige Verbrechen begangen zu haben (Realkonkurrenz), die Gesamtheit der vom Angeklagten vorgenommenen verbrecherischen Handlungen als eine Einheit anzusehen, die als solche den erhöhten Grad der Gefährlichkeit der Persönlichkeit des Angeklagten kennzeichnet und damit dem Gericht das Recht gibt, Art und Ausmaß der gegen diesen zu verhängenden Maßnahmen des sozialen Schutzes dem Artikel des Gesetzes zu entnehmen, der als Sanktion die schwerste Hauptmaßnahme des sozialen Schutzes vorsieht.

2) Angesichts dieser Anweisung des Art. 33 der Grundsätze der Strafgesetzgebung und der entsprechenden Artikel der Strafgesetzbücher der Unionsrepubliken ist das Gericht sowohl in den Fällen der Idealkonkurrenz als auch in denen der Realkonkurrenz verpflichtet, die Gesamtheit der vom Angeklagten vorgenommenen Handlungen nach dem Artikel zu beurteilen, der als Sanktion die schwerste Hauptmaßnahme des sozialen Schutzes vorsieht, und unabhängig davon, ob das Strafgesetzbuch der betreffenden Unionsrepublik eine vorausgehende Bestimmung der Maßnahmen des sozialen Schutzes für jedes einzelne Verbrechen fordert oder

nicht, die Frage zu prüfen, welche konkrete Maßnahme des sozialen Schutzes in dem Rahmen, den der die strengste Maßnahme vorsehende Artikel hierfür zieht, dem Verurteilten eben nach diesem Artikel für die Gesamtheit der von ihm begangenen verbrecherischen Handlungen aufzuerlegen ist. Die vom Gericht auf diesem Wege ausgewählte Maßnahme des sozialen Schutzes ist dann auch die endgültige Maßnahme.

3) Aus demselben Artikel 33 der Grundsätze der Strafgesetzgebung der Union der SSR und der Unionsrepubliken folgt, daß die von ihm aufgestellten Regeln für die Verhängung der Maßnahmen des sozialen Schutzes nur für die Fälle der Konkurrenz gelten sollen, in denen hinsichtlich keines der konkurrierenden Verbrechen bereits ein gesondertes Urteil ergangen war und demgemäß das Gericht eine sachliche Prüfung im Hinblick auf sämtliche konkurrierenden Verbrechen vornimmt.

4) Wenn das Gericht in den Fällen der Konkurrenz die Hauptmaßnahme des sozialen Schutzes nach dem Artikel festsetzt, der die strengste Maßnahme vorsieht, so ist es berechtigt, damit jede beliebige unter den ergänzenden Maßnahmen, einschließlich der Konfiskation, zu verbinden, die in den anderen Artikeln vorgesehen sind, nach denen sich die verschiedenen vom Verurteilten begangenen miteinander konkurrierenden verbrecherischen Handlungen beurteilen. [Plenarbeschluß 23 des Obersten Gerichtshofs der UdSSR, 1929].

§ 2. In der gerichtlichen Praxis ist die Frage aufgetreten, wie die Gesamtstrafe nach dem Grundsatz der Strafenhäufung in den Fällen zu bilden ist, in denen die zusammenzufassenden Urteile als Strafmaßnahmen Freiheitsentziehung und Besserungsarbeit verhängt haben.

Im Hinblick hierauf beschließt der Oberste Gerichtshof der UdSSR, den Gerichten folgende Weisung zu erteilen:

In den Unionsrepubliken, deren Strafgesetzbücher die oben aufgezeigte Frage nicht beantworten, wird in den Fällen, in denen nach dem Grundsatz der Strafenhäufung verfahren werden muß, die Gesamtstrafe gemäß Art. 29 StGB RSFSR und den entsprechenden Artikeln der anderen Unionsrepubliken in der Weise gebildet, daß an die Stelle von Besserungsarbeit Freiheitsentziehung nach dem Umrechnungssatz von drei Tagen Besserungsarbeit für einen Tag Freiheitsentziehung tritt; die auf diese Weise sich ergebende Frist wird der Dauer der Freiheitsentziehung zugerechnet, die in dem anderen einzubeziehenden Urteil ausgesprochen ist. [Plenarbeschluß des Obersten Gerichtshofs der UdSSR Nr. 2/4/U vom 22. Januar 1942].

Zu Artikel 55

§ 1. Gemäß Art. 10^1 Punkt „c" der Grundsätze der Strafgesetzgebung der Union der SSR und der Unionsrepubliken gelten als nicht vorbestraft insbesondere Personen, die zu Freiheitsentziehung bis zu 6 Monaten oder zu einer milderen Strafe verurteilt worden sind, wenn sie während dreier Jahre seit dem Tage der Strafverbüßung kein neues Verbrechen begangen haben. Aus dem Sinn des Art. 13 der Grundsätze der Strafgesetzgebung der UdSSR und der Unionsrepubliken, der die Strafarten nacheinander nach dem Grad ihrer Schwere aufführt, ergibt sich, daß Zwangsarbeit ohne Freiheitsentziehung (Besserungsarbeit) im Verhältnis zur Freiheitsentziehung die mildere Strafe darstellt. Dieser Schluß wird auch durch die Bestimmung des Art. 29 des StGB RSFSR und der entsprechenden Artikel der Strafgesetzbücher der anderen Unionsrepubliken bestätigt, wonach die Anrechnung der Untersuchungshaft nach dem Umrechnungssatz von 3 Tagen Besserungsarbeit für 1 Tag Freiheitsentziehung erfolgt. Hieraus folgt, daß 1 Jahr Besserungsarbeit 4 Monaten Freiheitsentziehung gleichzuachten ist. Deshalb haben die Gerichte bei der Entscheidung der Frage einer Straftilgung davon auszugehen, daß Personen, die zu Besserungsarbeit bis zu einem Jahr einschließlich verurteilt worden sind, nach Ablauf von 3 Jahren seit dem Tage der Strafverbüßung als nicht vorbestraft gelten, wenn sie während dieser Zeit kein neues Verbrechen begangen haben.

Im Zusammenhang damit beschließt das Plenum, folgende Weisung zu erteilen:

Art. 55 des Strafgesetzbuchs der RSFSR und Art. 49 des Strafgesetzbuchs der Tadshikischen SSR, die Art. 10^1 der Grundsätze der Strafgesetzgebung wiedergeben, enthalten einen Widerspruch zu letzterem Artikel: Art. 10^1 der Grundsätze macht zur Bedingung der Straftilgung die Nichtbegehung eines beliebigen Verbrechens während der dort vorgesehenen Fristen, wohingegen die genannten Artikel der Strafgesetzbücher der RSFSR und der Tadshikischen SSR die Nichtbegehung eines nicht weniger schweren Verbrechens zur Bedingung machen.

Da gemäß Art. 20 der Verfassung der UdSSR ein Unionsgesetz, wenn es von dem Gesetz einer Republik abweicht, vor letzterem den Vorrang hat, weist das Plenum darauf hin, daß die Gerichte bei der Entscheidung der Frage einer Straftilgung sich nach den Anforderungen des Art. 10^1 der Grundsätze der Strafgesetzgebung der UdSSR und der Unionsrepubliken zu richten haben, wonach die Straftilgung nach Ablauf bestimmter Fristen eintritt, wenn während dieser Fristen der Verurteilte nicht irgendein neues (nicht aber nur ein nicht weniger schweres) Verbrechen begeht. [Plenarbeschluß des Obersten Gerichtshofs der UdSSR Nr. 2/2/U vom 10. Februar 1940].

Zu Artikel 58^7

§ 1. Im Hinblick darauf, daß in der Gerichtspraxis Fälle unrichtiger Anwendung der Artikel 58^7, 58^9 und 58^{14} StGB RSFSR und der entsprechenden Artikel der Strafgesetzbücher der anderen Unionsrepubliken vorgekommen sind, weist das Plenum des Obersten Gerichtshofs der UdSSR darauf hin, daß nach dem Sinn dieser Artikel sie nur in den Fällen Anwendung finden können, in denen nach den Umständen der Tat feststeht, daß der Angeklagte in gegenrevolutionärer Absicht gehandelt hat. [Plenarbeschluß des Obersten Gerichtshofs der UdSSR vom 31. Dezember 1938].

Zu Artikel 58^8

§ 1. Auf die Tötung einer Frau kann, wenn sicher festgestellt ist, daß die Tötung im Zusammenhang mit der Frauenemanzipation begangen worden ist, Art. 8 der Verordnung über die Staatsverbrechen (gegenrevolutionäre Verbrechen) angewandt werden. [Verordnung des Präsidiums des ZIK der UdSSR vom 16. Februar 1930, erlassen auf Grund des Berichts des 27. Plenums des Obersten Gerichtshofs der UdSSR vom

27. Dezember 1929 (Sammlung der geltenden Plenarbeschlüsse des Obersten Gerichtshofs der UdSSR 1924—1944, Juristischer Staatsverlag, 1946, S. 5)].

Zu Artikel 58^{9}

§ 1. Vgl. § 1 zu Art. 58^{7}.

Zu Artikel 58^{14}

§ 1. Vgl. § 1 zu Art. 58^{7}.

Zu Artikel 59^{3b}

§ 1. Vgl. § 2 zu Art. 12.

Zu Artikel 59^{8}

§ 1. Die Fälschung der Nummern auf Obligationen von Staatsanleihen in der betrügerischen Absicht, darauf einen Gewinn zu erhalten, beurteilt sich, wenn diese Verbrechen von organisierten Banden oder zwar von einzelnen Personen, jedoch gewerbsmäßig begangen werden, nach Art. 59^{8} StGB RSFSR oder den entsprechenden Artikeln der anderen Unionsrepubliken; einzelne nicht gewerbsmäßige Fälle der Fälschung sind dagegen nach Art. 169 Abs. 2 StGB RSFSR und den entsprechenden Artikeln der Strafgesetzbücher der anderen Unionsrepubliken zu beurteilen[1]). [Plenarbeschluß 53 des Obersten Gerichtshofs der UdSSR 1936].

Zu Artikel 59^{9}

§ 1. Als qualifizierte Konterbande gilt:

a) Die Verschiebung von Gütern unter Umgehung der Zollbehörden mit Hilfe besonders für diesen Zweck bestimmter Transportmittel;

b) das Verbergen von Konterbandegut in hierfür besonders hergerichteten Räumen;

c) Konterbande, verbunden mit der Fälschung von Zolldokumenten oder der Tarnung der Fracht mit Hilfe von Dokumenten, die sich auf eine andere Fracht beziehen (22. Januar 1930 — GS UdSSR Nr. 4, Art. 45);

d) die Teilnahme an einer Organisation, die sich speziell mit Konterbande befaßt;

e) die Begehung von Konterbande durch bewaffnete Personen;

f) die Begehung von Konterbande durch einen Beamten, der in unmittelbarer Beziehung zum Zollwesen steht, oder durch einen Beamten, der in der Lage ist, seine Dienststellung zu Zwecken der Konterbande auszunutzen;

g) die mehr als zweimalige Begehung von Konterbande im Verlauf von drei Jahren sowie die Aufbewahrung und der Transport von Konterbandegut und der Handel damit, sofern der Täter in Kenntnis der Konterbandeeigenschaft und gewerbsmäßig handelt;

h) der Schmuggel mit Sprengstoff und Waffen, mit militärischen Ausrüstungsgegenständen, Luftfahrzeugen, telegraphischem und radiotelegraphischem Gerät sowie die Ausfuhr annullierter Wertpapiere;

---

[1]) Vgl. dazu Dekret des Präsidiums des Obersten Sowjets der UdSSR vom 4. Juni 1947 „Über die strafrechtliche Verantwortlichkeit für die rechtswidrige Aneignung von staatlichem und öffentlichem Vermögen". (S. oben S. 72).

i) die gewerbsmäßige Beschäftigung mit ungesetzlicher Ausfuhr, Einfuhr, Versendung und Überweisung von Valuten und Effekten ins Ausland und aus dem Ausland (31. Januar 1931 — GS UdSSR Nr. 6, Art. 71). [Art. 166 des Zollgesetzbuchs der UdSSR (GS UdSSR 1929 Nr. 1, Art. 2, mit den nachf. Änd.)].

Zu Kapitel II

§ 1. Die Verletzung der Bestimmungen über die Einreise in das Grenzgebiet und die verbotenen Grenzzonen sowie den Aufenthalt darin, und zwar: die Einreise in das Grenzgebiet und in die verbotenen Grenzzonen ohne Erlaubnis der Organe des NKWD der Union der SSR, die Weitergabe der Erlaubnis an andere Personen, die Ausnutzung einer Erlaubnis, die einer anderen Person erteilt ist, sowie die Umgehung der Registrierung der erteilten Erlaubnis — werden an den Schuldigen auf Beschluß der Besonderen Konferenz beim Volkskommissariat des Inneren der Union der SSR mit Einschließung in ein Lager auf die Dauer von 1 bis zu 3 Jahren geahndet[1]).

Gleicher Ahndung unterliegen die Vorsitzenden der Dorfsowjets, die Leiter von Unternehmen, Baubetrieben und andere Amtspersonen, die zulassen, daß in den ihrer Aufsicht unterstehenden Häusern Personen sich aufhalten, die in das Grenzgebiet oder in die verbotenen Grenzzonen ohne Erlaubnis der Organe des NKWD der Union der SSR eingereist sind oder die Vorschriften über Registrierung verletzt haben, die für die im Grenzgebiet oder in den verbotenen Grenzzonen sich aufhaltenden Personen gelten. [Art. 3 der Verordnung des ZIK und SNK der UdSSR vom 17. Juli 1935 „Über die Einreise in das Grenzgebiet und den Aufenthalt darin“ (GS UdSSR 1935 Nr. 45, Art. 377)].

Zu Artikel 61

§ 1 Art. 59^6 StGB RSFSR und die entsprechenden Artikel der anderen Unionsrepubliken sehen eine Verantwortlichkeit für die darin angegebenen Handlungen nur vor, wenn diese unter den Bedingungen der Kriegszeit begangen worden sind. Deshalb ist die mehrfache oder böswillige Nichterfüllung der Lieferung von landwirtschaftlichen Erzeugnissen an den Staat seitens der Kolchos-Höfe oder Einzelwirtschaften im Frieden, je nach den Umständen der Tat, gemäß Art. 61 Abs. 2 oder 3 StGB RSFSR und den entsprechenden Artikeln der Strafgesetzbücher der anderen Unionsrepubliken zu beurteilen.

Dementsprechend gehören Strafsachen der bezeichneten Art überall, auch an Orten, für die der Kriegszustand erklärt worden ist, vor die Volksgerichte. [Plenarbeschluß des Obersten Gerichtshofs der UdSSR vom 28. September 1945 Nr. 12/12/U].

Zu Artikel 64

§ 1. Gemäß Art. 67 des Gesetzes über die allgemeine Wehrpflicht wird bestimmt, daß Personen, die sich einer Verletzung der Vorschriften über die militärische Registrierung schuldig machen, folgendermaßen zur Verantwortung gezogen werden:

---

[1]) Auf Grund der Verordnung des ZIK und SNK UdSSR vom 7. September 1937 (GS UdSSR Nr. 59, Art. 251) sind diese Sachen im gerichtlichen Verfahren zu behandeln.

3. Wegen Nichtbeobachtung der in den Artikeln 63 und 64 des Gesetzes über die allgemeine Wehrpflicht enthaltenen Bestimmungen über die Registrierung der Wehrpflichtigen werden der Hausverwalter, der Hauskommandant oder der Hauseigentümer mit Geldstrafe bis zu 100 Rubeln bestraft, die im Verwaltungswege von den Vorstehern der Milizreviere verhängt wird.

5. Wegen Verlusts des Militärausweises infolge nachlässiger Aufbewahrung werden die schuldigen Wehrpflichtigen mit Geldstrafe bis zu 100 Rubeln bestraft. Die Geldstrafe wird von den Bezirks-(Stadt-) Kriegskommissaren verhängt.

6. Die Beitreibung der wegen Verletzung der Vorschriften über die militärische Registrierung oder wegen des Verlusts des Militärausweises verhängten Geldstrafe wird den örtlichen Organen der Arbeiter- und Bauern-Miliz übertragen. [Aus dem Dekret des Präsidiums des Obersten Sowjets der UdSSR vom 30 Juli 1940 „Über die Verletzung der Vorschriften über die militärische Registrierung"].

Zu Artikel 79

§ 1. Wissentliches Verheimlichen von Ausschuß im Produktionsprozeß äußert sich der Sache nach in der Ablieferung oder in dem Bestreben nach Ablieferung von schadhaften Gegenständen der fraglichen Erzeugung oder einzelnen Teilen davon unter dem Anschein ihrer Tauglichkeit. Solche Handlungen sind ihrem Charakter nach der vorsätzlichen Beschädigung von staatlichem oder öffentlichem Eigentum gleichzuachten und nach Art. 79 StGB RSFSR und den entsprechenden Artikeln der Strafgesetzbücher der anderen Unionsrepubliken zu beurteilen.

In den Fällen, in denen solche Handlungen in einem Unternehmen der Wehrindustrie begangen werden, sind sie mit Rücksicht auf den Schaden, den sie für das Verteidigungswesen der UdSSR zur Folge gehabt haben oder hätten haben können, als Handlungen anzusehen, die dem Staat schweren Schaden zugefügt haben, und nach Art. 79 Abs. 2 des StGB der RSFSR und den entsprechenden Artikeln der Strafgesetzbücher der anderen Unionsrepubliken zu beurteilen.

Der vorliegende Beschluß bezieht sich nicht auf die Fälle der Produktion von Erzeugnissen schlechter Qualität oder von unvollständigen oder der Norm nicht entsprechenden Erzeugnissen, die gemäß dem Dekret des Präsidiums des Obersten Sowjets der UdSSR vom 10. Juli 1940 bestraft werden, demzufolge die Direktoren der Unternehmen, die leitenden Ingenieure und die Vorsteher der Abteilungen der technischen Kontrolle verantwortlich sind. [Plenarbeschluß des Obersten Gerichtshofs der UdSSR Nr. 14/2/U vom 10. April 1941].

§ 2. Im Zusammenhang mit einer in der gerichtlichen Praxis aufgetauchten Frage beschließt das Plenum des Obersten Gerichtshofs der Union der SSR, den gerichtlichen Organen die Weisung zu erteilen, daß die vorsätzliche Schädigung von Saat und Ernte auf Ländereien, die Behörden und Unternehmen als kollektives oder individuelles Gartenland für Arbeiter oder Angestellte zugewiesen sind, nach Art. 79 StGB RSFSR und den entsprechenden Artikeln der Strafgesetzbücher der anderen Unionsrepubliken zu beurteilen ist.

Wenn diese Handlungen nicht vorsätzlich begangen werden oder nur einen geringfügigen Schaden angerichtet haben, begründen sie keine strafrechtliche Verantwortlichkeit; über die Frage des Schadensersatzes kann im Zivilgerichtswege entschieden werden. [Plenarbeschluß des Obersten Gerichtshofs der UdSSR vom 26. Juni 1942 Nr. 12/M/4/U].

Zu Artikel 79^1

§ 1. Aus Anlaß eingegangener Anfragen über die strafrechtliche Verantwortlichkeit der Kolchosbauern für das Schlachten junger Rinder beschließt das Plenum des Obersten Gerichtshofs der UdSSR, den Gerichten folgende Weisungen zu erteilen:

In den Fällen, in denen die Kolchosbauern das Jungvieh böswillig schlachten und damit die Nichterfüllung staatlicher Planaufgaben auf dem Gebiet der Aufzucht von Jungvieh oder die Verletzung von Vertragspflichten zur Lieferung von Jungvieh an Kollektivhandelsfarmen verbunden ist, — sind die Schuldigen gemäß Art. 79^1 oder 131 StGB RSFSR (und den entsprechenden Artikeln der Strafgesetzbücher der anderen Unionsrepubliken) gerichtlich zur Verantwortung zu ziehen.

Gleichermaßen sind gemäß Art. 79^1 StGB RSFSR strafrechtlich zur Verantwortung zu ziehen Personen, die sich der Schlachtung von Zuchtvieh, das im staatlichen Herdbuch eingetragen ist, und dessen Zuzucht schuldig machen. [Plenarbeschluß des Obersten Gerichtshofs der UdSSR vom 1. August 1942 Nr. 14/M/14/U].

Zu Artikel 79^2

§ 1. Vernichtung, Verderben oder Beschädigung von Vermögensstücken der Sowchosen, Kolchosen oder Maschinen-Traktoren-Stationen, herbeigeführt durch fahrlässige Brandstiftung, stellt sich der Sache nach als ein Anwendungsfall verbrecherisch nachlässigen Verhaltens gegenüber diesen Vermögensstücken dar und muß gegebenenfalls analog dem verbrecherisch nachlässigen Beschädigen oder Zerbrechen von Traktoren und landwirtschaftlichen Maschinen strafrechtliche Verantwortlichkeit gemäß Art. 79^2 StGB RSFSR und den entsprechenden Artikeln der Strafgesetzbücher der anderen Unionsrepubliken nach sich ziehen. [Aus Plenarbeschluß Nr. 38 des Obersten Gerichtshofs der UdSSR vom 11. Mai 1931].

Zu Artikel 79^4

§ 1. In den Fällen, in denen das pflichtvergessene oder nachlässige Verhalten der Kolchosbauern oder Sowchosarbeiter in bezug auf die Pflege und Bewachung des Viehs der Kolchosen oder Sowchosen systematischen Charakter getragen und dem Kolchos oder Sowchos erheblichen Schaden zugefügt hat, sind die Schuldigen über Art. 16 nach Art. 79^4 und den entsprechenden Artikeln der Strafgesetzbücher der anderen Unionsrepubliken strafrechtlich zur Verantwortung zu ziehen. [Aus Plenarbeschluß 50 des Obersten Gerichtshofs der UdSSR, 1935].

Materialien zu einzelnen Artikeln des StGB

Zu Artikel 87-a

§ 1. 1. Die Verpachtung landwirtschaftlich nutzbaren Bodens sowohl außerhalb als auch innerhalb des städtischen Weichbildes wird verboten.

4. Die Erhebung von Pachtzins, in welcher Form auch immer, für Grund und Boden, der früher für landwirtschaftliche Nutzung vorgesehen war, ist mit dem Erlaß der vorstehenden Verordnung verboten. [Aus Verordnung des ZIK und SNK der UdSSR vom 4. Juni 1937 ((GS UdSSR 1937 Nr. 37, Art. 150)][1]).

§ 2. Nach Art. 87-a sind zu beurteilen der Abschluß eines Kaufvertrages oder Kaufvorvertrags, die Vergabung durch Vermächtnis, die Schenkung, die Verpfändung sowie jegliche Überlassung des Rechts zur Nutzung, betr. Obstgärten, Weingärten und Strauchobstanlagen, die auf städtischem Grund und Boden oder auf dem Grund und Boden von Arbeitersiedlungen, Villenkolonien oder Kurorten angelegt sind. [Verordnung des WZIK und SNK vom 6. September 1930. (GS RSFSR 1930 Nr. 44, Art. 529)].

§ 3. Art. 87-a StGB RSFSR und die entsprechenden Artikel der Strafgesetzbücher der anderen Unionsrepubliken sehen eine ungesetzliche Veräußerung der Rechte auf werktätige Nutzung des Grund und Bodens vor, d. h. den dauernden oder zeitweiligen, entgeltlichen oder unentgeltlichen Verzicht auf ein solches Recht seitens des Nutzungsberechtigten zugunsten anderer Personen. Im vorliegenden Fall handelt es sich dagegen um die eigenmächtige Aneignung eines ⟨dem Täter⟩ nicht gehörigen Rechts. Deshalb können Handlungen, die in der Verletzung von Grund und Boden bestehen, der einem Kolchos oder Sowchos gehört, nicht nach Art. 87-a StGB RSFSR und den entsprechenden Artikeln der Strafgesetzbücher der anderen Unionsrepubliken beurteilt werden. Solche Handlungen sind vielmehr wie folgt zu beurteilen:

a) Die eigenmächtige und zu persönlichen Zwecken vorgenommene Bearbeitung von Grund und Boden, der einem Kolchos oder Sowchos gehört, ist als verbotene Selbsthilfe gemäß Art. 90 StGB RSFSR und den entsprechenden Artikeln der Strafgesetzbücher der anderen Unionsrepubliken zu beurteilen.

b) Die eigenmächtige und zur Befriedigung des eigenen Bedarfs vorgenommene Aberntung von Land, das einem Kolchos oder Sowchos gehört, ist als rechtswidrige Aneignung sozialistischen Eigentums nach den entsprechenden Artikeln der Strafgesetzbücher der Unionsrepubliken und gegebenenfalls — nach dem Gesetz vom 7. August 1932 zu beurteilen[2]).

c) Werden die unter Punkt „a" dieses Beschlusses bezeichneten Handlungen mit Erlaubnis von Vertretern der Staatsgewalt oder von leitenden Beamten des Kolchos oder Sowchos begangen, so sind diese Personen gemäß Art. 87-a StGB RSFSR und den entsprechenden Artikeln der Strafgesetzbücher der anderen Unionsrepubliken verantwortlich zu machen. Personen, die wissentlich von der ungesetzlichen Erlaubnis Gebrauch

---

[1]) Ausgedehnt auf die Nebenformen der Bodennutzung in Wäldern (GS UdSSR 1937 Nr. 76, Art. 373).

[2]) Vgl. dazu Plenarbeschluß des Obersten Gerichtshofs der UdSSR vom 22. August 1947 Nr. 12/6. (S. oben S. 73.)

machen, sind nach denselben Artikeln als Teilnehmer zur Verantwortung zu ziehen; fehlt es an dem wissentlichen Gebrauchmachen von der ungesetzlichen Erlaubnis oder ist es nicht nachweisbar, so entfällt ihre strafrechtliche Verantwortlichkeit.

d) Haben die Vertreter der Staatsgewalt oder Beamten die Erlaubnis zur Begehung der bezeichneten ungesetzlichen Handlungen in Bereicherungsabsicht oder aus einem sonstigen persönlichen Interesse gegeben, so ist ihr Verhalten nach Art. 87-a StGB RSFSR und den entsprechenden Artikeln der Strafgesetzbücher der anderen Unionsrepubliken und in Tateinheit damit nach den einschlägigen Artikeln der Strafgesetzbücher über die Amtsdelikte zu beurteilen. [Plenarbeschluß des Obersten Gerichtshofs der UdSSR vom 3. April 1940 Nr. 7/6/U].

Zu Artikel 90

§ 1. Vgl. § 3 zu Art. 87-a.

Zu Artikel 91[1]

§ 1. Wer durch Anwendung von Gewalt, Täuschung, Drohungen oder Bestechung einen Bürger der UdSSR an der freien Ausübung seines Rechts hindert, in den Obersten Sowjet der UdSSR zu wählen oder gewählt zu werden, — wird mit Freiheitsentziehung bis zu zwei Jahren bestraft. [Art. 109 der Wahlordnung zum Obersten Sowjet der UdSSR, „Mitteilungen des Obersten Sowjets der UdSSR“ 1950 Nr. 2; Art. 100 der „Wahlordnung zum Obersten Sowjet der RSFSR“ und Art. 129 der „Wahlordnung zu den Gau-, Gebiets-, Kreis-, Bezirks-, Stadt-, Dorf- und Siedlungssowjets der Deputierten der Werktätigen“].

Zu Artikel 99

§ 1. Vgl. § 2 zu Art. 107.†)

Zu Artikel 102 und 103

§ 1. Vgl. Dekret des Präsidiums des Obersten Sowjets der UdSSR vom 7. April 1948 „Über die strafrechtliche Verantwortlichkeit für die Herstellung und den Verkauf von Hausbranntwein“. (S. oben S. 79).

§ 2. Vgl. Plenarbeschluß des Obersten Gerichtshofs der UdSSR vom 5. Januar 1951 Nr. 1/1/U.

Zu Artikel 107††)

§ 1. In der Verordnung des ZIK und SNK der Union der SSR vom 20. Mai 1932 über die Ausübung des Handels durch Kolchose, Kolchosbauern und werktätige Einzelbauern war in Fortführung früherer Verordnungen gegen die Spekulation bestimmt worden: „Die Eröffnung von Geschäften und Läden durch private Händler ist nicht zuzulassen, und die Aufkäufer und Spekulanten, die sich auf Kosten der Arbeiter und Bauern zu bereichern suchen, sind auf jede Weise auszumerzen.“

---

†) Gemeint ist offenbar § 2 zu Artikel 109 und 111, der wohl nur versehentlich dort statt bei den Materialien zu Artikel 107 abgedruckt ist.

††) Vgl. die vorstehende Fußnote.

In Anbetracht dessen, daß sich in letzter Zeit trotz des Verbots die Fälle von Spekulation, insbesondere der Spekulation mit Waren des Massenverbrauchs, gehäuft haben, verpflichten das ZIK und der SNK der UdSSR die OGPU[1]), die Organe der Staatsanwaltschaft und die örtlichen Organe der Staatsgewalt dazu, Maßnahmen zur Ausmerzung der Spekulation zu ergreifen, und zwar derart, daß sie gegen Spekulanten und Ausbeuter Einschließung in ein Konzentrationslager von 5 bis zu 10 Jahren verhängen, wobei die Anwendung von Amnestien ausgeschlossen ist. [Verordnung des ZIK und SNK der UdSSR vom 22. August 1932 (GS UdSSR 1932 Nr. 65, Art. 375)].

Zu Artikel 109 und 111

§ 1. Vgl. § 2 zu Art. 128-a.

§ 2. Das Plenum des Obersten Gerichtshofs der UdSSR beschließt, den Gerichten folgende Weisungen zu erteilen:

1. Die Gerichte werden auf die Notwendigkeit hingewiesen, auf Personen, die sich der Spekulation schuldig machen, Artikel 107 StGB RSFSR und die entsprechenden Artikel der Strafgesetzbücher der anderen Unionsrepubliken strikt anzuwenden und dabei die Strafe zu verhängen, die in den bezeichneten Artikeln vorgesehen ist. Wenn im konkreten Fall ein Wiederverkauf der aufgekauften Waren nicht festgestellt wird, das Gericht jedoch unter Würdigung aller Beweismittel in der Sache zu dem begründeten Schluß gelangt, daß der Aufkauf der Waren für den Wiederverkauf zu Profitzwecken erfolgte, so sind solche Handlungen gemäß Art. 19 und 107 des StGB RSFSR und den entsprechenden Artikeln der Strafgesetzbücher der anderen Unionsrepubliken zu beurteilen.

2. Handlungen von Beamten, die sich des Verkaufs von Waren an Spekulanten zu Zwecken der Spekulation schuldig machen, sind als Mißbrauch der Dienststellung in Tateinheit mit Teilnahme an der Spekulation zu beurteilen. Wenn die Beamten unter Ausnutzung ihrer dienstlichen Stellung Waren aufkaufen und sich dann selbst mit deren Wiederverkauf zu Profitzwecken befassen, so sind sie wegen Mißbrauchs der dienstlichen Stellung in Tateinheit mit Spekulation zur Verantwortung zu ziehen.

3. Handlungen von Personen, die wissentlich gestohlenes Gut für den Wiederverkauf zu Profitzwecken aufkaufen, sind als ein in Tateinheit begangener Verstoß gegen die Art. 164 und 107 StGB RSFSR und die entsprechenden Artikel der Strafgesetzbücher der anderen Unionsrepubliken und außerdem gegebenenfalls nach dem Gesetz zu beurteilen, das eine Verantwortlichkeit für die Nichtanzeige einer rechtswidrigen Aneignung vorsieht. Wenn in den bezeichneten Fällen der Ankauf offensichtlich mit einer Teilnahme an der rechtswidrigen Aneignung selbst verbunden ist, so sind solche Handlungen als Teilnahme an der rechtswidrigen Aneignung von Vermögensgegenständen in Tateinheit mit Spekulation zu beurteilen.

4. Personen, die sich mit einem verbotenen Gewerbe sowie mit Spekulation befassen, sind gemäß Art. 99 und 107 StGB RSFSR und den ent-

[1]) Die OGPU ist in das NKWD eingegliedert worden (GS UdSSR 1934 Nr. 36, Art. 283).

sprechenden Artikeln der Strafgesetzbücher der anderen Unionsrepubliken zur Verantwortung zu ziehen.

5. Die Gerichte werden zugleich darauf hingewiesen, daß der gelegentliche Verkauf oder Tausch von Sachen durch Werktätige, die sie zum persönlichen Gebrauch, aber nicht für den Wiederverkauf erworben haben, sowie der Verkauf von Erzeugnissen der eigenen Landwirtschaft durch Kolchos- oder Einzelbauern ohne Verstoß gegen die für den Handel aufgestellten Vorschriften den Tatbestand eines kriminellen Verbrechens nicht erfüllen. [Plenarbeschluß des Obersten Gerichtshofs der UdSSR vom 3. März 1950 Nr. 5/11/P].

Zu Artikel 117 und 118

§ 1. Die Annahme eines Bestechungsmittels durch einen Beamten wird unabhängig von der Gesetzmäßigkeit oder Ungesetzlichkeit seiner durch die Annahme des Bestechungsmittels veranlaßten Handlung bestraft. Daraus folgt, daß in den Fällen, in denen der Beamte zufolge der Bestechung eine Handlung begeht, die den Tatbestand eines Verbrechens enthält, er einer strafrechtlichen Verantwortlichkeit nicht nur wegen der Annahme des Bestechungsmittels, sondern nach den Regeln der Realkonkurrenz auch wegen der verbrecherischen Handlung unterliegt, die er auf Grund der Bestechung begangen hat. Ebensowenig schließt der Umstand, daß die Anklage wegen Bestechlichkeit aus irgendeinem Grunde nicht durchgreift, die Verantwortlichkeit des Beamten für die von ihm begangenen verbrecherischen Handlungen aus, selbst wenn die Anklage, sie zufolge der Bestechung begangen zu haben, entfällt.

Die Gerichtspraxis zeigt, daß in Bestechlichkeitsfällen, insbesondere im Eisenbahnverkehr, die Personen, die die Belohnung tatsächlich angenommen haben, häufig lediglich die Weitergabe des Bestechungsmittels an die Person vermitteln, die kraft ihrer dienstlichen Stellung die durch die Bestechung veranlaßte Handlung ausführt. Die Strafverfolgungsorgane und das Gericht lassen es indessen in einer Reihe von Fällen an einer vertieften Untersuchung der Tatumstände fehlen und beschränken sich demzufolge darauf, die Personen zur Verantwortung zu ziehen, die die Belohnung unmittelbar vom Bestechenden erhalten haben, während die eigentlich Schuldigen unerkannt bleiben. Infolge einer solchen schiefen Einstellung zur Sache werden wegen Annahme von Bestechungsmitteln zur Verantwortung gezogen und verurteilt Personen, die der Vermittlung bei der Bestechung nach Art. 118 StGB RSFSR und den ensprechenden Artikeln der Strafgesetzbücher der anderen Unionsrepubliken schuldig sind, während die eigentlich Schuldigen, die das Bestechungsmittel erhalten und dafür im Interesse des Bestechenden irgendeine mit ihrer dienstlichen Stellung verbundene Handlung vorgenommen haben, der Verantwortung entgehen, obwohl gerade sie wegen Annahme von Bestechungsmitteln zur Verantwortung gezogen werden müßten und im Zusammenhang damit wegen der zufolge der Bestechung begangenen Handlung, sofern diese den Tatbestand eines Verbrechens enthält. [Plenarbeschluß des Obersten Gerichtshofs der UdSSR vom 29. November 1946 Nr. 15/9/A/U].

§ 2. ... Das Plenum des Obersten Gerichtshofs der UdSSR beschließt, den Gerichten folgende leitende Weisung zu erteilen:

1. Die Gerichte werden auf die Notwendigkeit hingewiesen, das Bestechungswesen dadurch entschlossen zu bekämpfen, daß gegen Personen, die der Annahme oder Hingabe von Bestechungsmitteln schuldig sind, sowie gegen Mittelsleute bei der Bestechung die vom Gesetz vorgesehenen harten Strafmaßnahmen streng und folgerichtig verhängt und ungerechtfertigte Strafmilderungen bei dieser Art Straftaten vermieden werden.

2. Abs. 1 des Art. 117 StGB RSFSR und die entsprechenden Artikel der Strafgesetzbücher der anderen Unionsrepubliken dürfen nicht angewandt werden, wenn die qualifizierenden Merkmale des Abs. 2 dieser Artikel vorliegen.

Insbesondere dürfen die Gerichte den Begriff der verantwortlichen Stellung des der Annahme von Bestechungsmitteln schuldigen Beamten als ein das Verbrechen qualifizierendes Merkmal nicht einengen.

Als wiederholte Annahme von Bestechungsmitteln ist die zu verschiedenen Zeiten erfolgte Annahme von Bestechungsmitteln in zwei oder mehr Fällen oder die gleichzeitige Annahme von Bestechungsmitteln aus der Hand zweier oder mehr Personen anzusehen.

3. Wenn sich jemand von dem Bestechenden, nachdem er ihn hierzu angestiftet hat, Geld oder andere Werte geben läßt, angeblich zu dem Zweck, sie an einen Beamten als Bestechungsmittel weiterzugeben, sie sich aber tatsächlich selbst aneignet, ist dieses Verbrechen im Bezug auf den Anstifter nach Art. 17 und 118, im Bezug auf den Bestechenden nach Art. 19 und 118 StGB RSFSR und den entsprechenden Artikeln der Strafgesetzbücher der anderen Unionsrepubliken zu beurteilen.

4. Bei der Verurteilung der Bestechenden unterliegen das Geld und die anderen Werte, die diese den Beamten oder Mittelsleuten gegeben haben, in allen Fällen als sachliche Beweismittel der Einziehung gemäß Art. 69 Ziff. 1 StPO RSFSR und den entsprechenden Artikeln der Strafprozeßordnungen der anderen Unionsrepubliken.

5. Falls bei der Untersuchung einer beliebigen Sache sich Umstände ergeben, die davon zeugen, daß entweder der Angeklagte, ohne auch insoweit angeklagt zu sein, oder an der fraglichen Sache unbeteiligte Dritte Bestechungsmittel angenommen oder gegeben oder eine Bestechung vermittelt haben, so darf das Gericht solche Umstände nicht unberücksichtigt lassen; es ist vielmehr verpflichtet, einen entsprechenden Beschluß nach Maßgabe der Art. 312, 315 und 316 StPO RSFSR und der entsprechenden Artikel der Strafprozeßordnungen der anderen Unionsrepubliken zu fassen. [Plenarbeschluß des Obersten Gerichtshofs der UdSSR vom 24. Juni 1949 Nr. 7/2/U].

Zu Artikel 120

§ 1. Ein Beamter eines Sowjets oder ein Mitglied einer Wahlkommission, die eine Fälschung von Wahldokumenten begehen oder wissentlich eine unrichtige Stimmenzählung vornehmen, — werden mit Freiheitsentziehung bis zu drei Jahren bestraft. [Art. 110 der Wahlordnung zum Obersten Sowjet der UdSSR („Mitteilungen des Obersten Sowjets der UdSSR“ 1950 Nr. 2), Art. 101 der „Wahlordnung zum Obersten Sowjet der RSFSR“ und Art. 130 der „Wahlordnung zu den Gau-, Gebiets-, Kreis-, Bezirks-, Stadt-, Dorf- und Siedlungssowjets der Deputierten der Werktätigen“].

Materialien zu einzelnen Artikeln des StGB

Zu Artikel 128-a

§ 1. Die Auslieferung von Meßgeräten durch das ⟨herstellende⟩ Unternehmen ohne den entsprechenden Eichstempel der Verwaltung für Maße und Gewichte sowie deren Herstellung unter Abweichung von den festgesetzten Normen sind nach dem Dekret vom 10. Juli 1940 (Art. 128-a StGB RSFSR und die entsprechenden Artikel der Strafgesetzbücher der übrigen Unionsrepubliken) zu beurteilen. [Plenarbeschluß des Obersten Gerichtshofs der UdSSR vom 8. Mai 1941 Nr. 18/5/U, Abschnitt „B“, Ziff. 6].

§ 2. Das Plenum des Obersten Gerichtshofs der UdSSR beschließt, den Gerichten folgende Weisungen zu erteilen:

1. Die Gerichte werden auf die Notwendigkeit hingewiesen, die Auslieferung von Industrieerzeugnissen schlechter Qualität, von unvollständigen Industrieerzeugnissen sowie von Erzeugnissen, die von der vorgeschriebenen Norm abweichen, dadurch mit äußerstem Nachdruck zu bekämpfen, daß gegen Personen, die sich dieses Staatsverbrechens schuldig machen, die Strafmaßnahmen strikt und streng verhängt werden, die im Dekret vom 10. Juli 1940 (Art. 128-a Abs. 1 StGB RSFSR und die entsprechenden Artikel der Strafgesetzbücher der anderen Unionsrepubliken) vorgesehen sind.

2. Unzulässig ist die Anwendung der Artikel 109, 111 und anderer Artikel des StGB RSFSR und der entsprechenden Artikel der Strafgesetzbücher der anderen Unionsrepubliken auf Handlungen der im Dekret vom 10. Juli 1940 aufgeführten Amtspersonen — Direktoren, leitende Ingenieure und Leiter der Abteilungen für technische Kontrolle, sowie von Personen anderer Amtsbezeichnung, die tatsächlich die Funktionen der genannten Amtspersonen ausüben, sofern sich diese Personen der Auslieferung von Industrieerzeugnissen schlechter Qualität, von unvollständigen Industrieerzeugnissen oder von Erzeugnissen schuldig machen, die von der vorgesehenen Norm abweichen. Die bezeichneten Verbrechen der genannten Personen sind ⟨vielmehr⟩ zu beurteilen gemäß Art. 128-a Abs. 1 StGB RSFSR, den entsprechenden Artikeln der Strafgesetzbücher der anderen Unionsrepubliken und in der Aserbaidshanischen, Turkmenischen und Usbekischen SSR, in deren Strafgesetzbüchern entsprechende Artikel fehlen, — gemäß dem Dekret vom 10. Juli 1940.

3. Die Gerichte werden darauf hingewiesen, daß unter Auslieferung von Erzeugnissen sowohl die Übergabe der Erzeugnisse an die Besteller als auch der Fall zu verstehen ist, daß die Erzeugnisse die Abteilung für technische Kontrolle passiert haben und endgültig zur Lieferung freigegeben sind.

4. Für Strafsachen betr. die Auslieferung von Industrieerzeugnissen schlechter Qualität, von unvollständigen Industrieerzeugnissen sowie von Erzeugnissen, die der vorgeschriebenen Norm nicht entsprechen, sind zuständig: die Kreis-, Gebiets- und Gaugerichte, die Obersten Gerichtshöfe der autonomen Republiken, die Obersten Gerichtshöfe der Unionsrepubliken ohne Gebietseinteilung sowie gegebenenfalls — die Kreis- und ihnen gleichgestellten Militärtribunale, die Kreisgerichte des Eisenbahn- und Liniengerichte des Wasserstraßenverkehrs. [Plenarbeschluß des Obersten Gerichtshofs der UdSSR vom 30. September 1949 Nr. 13/9/U].

Zu Artikel 128-c

§ 1. Das Gesetz vom 25. Juli 1934, das eine Verantwortlichkeit für den Betrug an den Verbrauchern vorsieht, setzt vorsätzliche, nicht ⟨nur⟩ fahrlässige Begehung des Verbrechens voraus. [Aus Plenarbeschluß des Obersten Gerichtshofs der UdSSR vom 8. Mai 1941 Nr. 18/5/U Punkt „b" § 7].

Zu Artikel 164

§ 1. Vgl. § 2 zu Art. 107†).

Zu Artikel 167

§ 1. 3. Raub, der von Gewaltanwendung begleitet war, die den Tod oder eine schwere Körperverletzung des Opfers zur Folge gehabt hat, ist als Raub, verbunden mit einer für das Leben oder die Gesundheit des Verletzten gefährlichen Gewaltanwendung, zu beurteilen, d. h. nach Art. 2 Abs. 2 des Dekrets vom 4. Juni 1947 „Über die Verstärkung des Schutzes des persönlichen Eigentums der Bürger"[1]). [Plenarbeschluß des Obersten Gerichtshofs der UdSSR vom 19. März 1948 Nr. 6/4/U].

Zu Artikel 182

§ 1. Die Anmerkung zu Art. 182 StGB RSFSR erstreckt sich:

a) auf die ortsansässige Bevölkerung der folgenden nationalen Republiken und Gebiete der RSFSR: Dagestanische ASSR, Tschetschenisch-Inguschische, Kabardinisch-Balkarische, Nord-Ossetische ASSR, Karatschajisches, Tscherkessisches und Adygejisches autonomes Gebiet[2]) unter der Voraussetzung, daß die blanke Waffe (Kinshal) als Zubehör zur nationalen Tracht getragen wird;

b) auf die ortsansässige erwerbstätige Bevölkerung derjenigen Bezirke des Äußersten Nordens der RSFSR, in denen das Tragen einer blanken Waffe (Jagdmesser) im Hinblick auf die Lebensbedingungen oder Erwerbsart notwendig erscheint. [Aus Verordnung des WZIK und SNK vom 10. September 1935 (GS RSFSR 1935 Nr. 20, Art. 193)].

Zu Artikel 193^7††)

§ 1. Art. 193^7 Punkt „a" und „b" StGB in der alten Fassung (vor Erlaß des Dekrets des Präsidiums des Obersten Sowjets der UdSSR vom 6. Juni 1940) lauten:

„197^7. a) Eigenmächtiges Verlassen eines Truppenteils oder Dienstorts zieht, wenn die Abwesenheit länger als sechs, während Flottenkampagnen, Manöver, Übungs-, kurzfristiger, Wiederholungs- und Kontrollappelle — länger als zwei Tage gedauert hat (Desertion), Freiheitsentziehung bis zu einem Jahre nach sich;

---

†) Gemeint ist offenbar § 2 zu Artikel 109 und 111, der wohl nur versehentlich dort statt bei den Materialien zu Artikel 107 abgedruckt ist.

1) S. oben S. 73.

2) Jetzt: Dagestanische ASSR, Kabardinische ASSR, Nord-Ossetische ASSR, Tscherkessisches und Adygejisches autonomes Gebiet.

††) S. auch den Nachtrag, unten S. 102.

b) Desertion aus dem Truppenteil oder Dienstort in der Absicht, sich für längere Zeit oder dauernd der Erfüllung der Militärdienstpflichten zu entziehen, zieht nach sich — Freiheitsentziehung bis zu drei Jahren. [20. Mai 1932 (GS Nr. 49, Art. 214)]."

Zu Artikel 193^{17}

§ 1. In der Gerichtspraxis ist die Frage aufgetaucht, wie Dienstverbrechen von Militärpersonen zu beurteilen sind, die zwar Amtsfunktionen ausüben, aber nicht zugleich Angehörige des Führungspersonals†) sind.

Im Zusammenhang hiermit beschließt das Plenum des Obersten Gerichtshofs der UdSSR, den Gerichten die folgende Weisung zu erteilen:

Mit Rücksicht darauf, daß in den oben angeführten Fällen die betreffenden Militärpersonen Funktionen ausüben, die gewöhnlich Angehörigen des Führungspersonals vorbehalten sind, ist ihr verbrecherisches Verhalten im Dienst in der gleichen Weise zu beurteilen wie bei diesen.

Insbesondere unterliegen sie wegen Mißbrauchs der Amtsgewalt, Überschreitung der Amtsgewalt, Amtsuntätigkeit sowie wegen Pflichtvergessenheit im Dienst der Verantwortlichkeit gemäß Artikel 17 der Verordnung über militärische Verbrechen (Art. 193^{17} StGB RSFSR und die entsprechenden Artikel der Strafgesetzbücher der anderen Unionsrepubliken). [Plenarbeschluß des Obersten Gerichtshofs der UdSSR vom 6. April 1945 Nr. 6/4/U].

Zu Kapitel X

§ 1. Vgl. Plenarbeschluß des Obersten Gerichtshofs der UdSSR Nr. 14/3/U vom 10. April 1941 „Über die Gerichtspraxis in Strafsachen, betreffend Verbrechen, die Überreste von Stammesbräuchen bilden".

NACHTRAG

Neufassung des Art. 193^{7} Abs. b)

b) Eigenmächtige Entfernung, von den gleichen Personen mehr als einmal bis zu zwei Stunden oder auf die Dauer von mehr als zwei Stunden, wenn auch nur einmal begangen, zieht nach sich —

Überantwortung an das Militärtribunal und Einweisung in ein Disziplinarbataillon auf die Dauer von zwei Monaten bis zu zwei Jahren, bei Vorliegen mildernder Umstände — Bestrafung im Disziplinarwege.

Die Frage der Überantwortung an das Gericht oder der Bestrafung im Disziplinarwege entscheidet der Führer des Verbands oder der Führer des einem Verband nicht eingegliederten selbständigen Truppenteils.

(Dekret des Präsidiums des Obersten Sowjets der RSFSR vom 31. Mai 1952.)

---

†) S. oben Fußnote †) zu Art. 193^{7} des Gesetzbuchs.

ANHANG

Amnestie

Dekret desPräsidiums des Obersten Sowjets der UdSSR vom 27. März 1953 („Mitteilungen des Obersten Sowjets der UdSSR“ 1953 Nr. 4)

Infolge der Stärkung des sowjetischen gesellschaftlichen und staatlichen Systems, der Hebung des Wohlstands und des kulturellen Niveaus der Bevölkerung, der Zunahme des Verantwortungsgefühls der Bürger und der getreulichen Erfüllung ihrer öffentlichen Pflichten haben sich die Gesetzlichkeit und die sozialistische Rechtsordnung gefestigt und hat sich die Kriminalität im Lande beträchtlich vermindert.

Das Präsidium des Obersten Sowjets der UdSSR erachtet es unter diesen Umständen nicht für notwendig, Personen weiterhin in den Internierungsanstalten festzuhalten, die Verbrechen begangen haben, die keine große Gefahr für den Staat darstellen, und die durch ihre gewissenhafte Einstellung zur Arbeit gezeigt haben, daß sie in ein rechtschaffenes werktätiges Leben zurückkehren und zu nützlichen Gliedern der Gesellschaft werden können.

Das Präsidium des Obersten Sowjets der UdSSR verordnet:

1. Personen, die zu Strafen bis zur Dauer von fünf Jahren einschließlich verurteilt worden sind, sind aus den Internierungsanstalten zu entlassen, bzw. sind ihnen andere mit Freiheitsentziehung nicht verbundene Strafen zu erlassen.

2. Unabhängig von der Dauer der Strafe sind aus den Internierungsanstalten zu entlassen: Personen, die wegen Amts- und Wirtschaftsverbrechen sowie wegen der in Art. 193-4 Absatz „a“, 193-7, 193-8, 193-10, 193-10a, 193-14, 193-15, 193-16 und 193-17 Absatz „a“ des Strafgesetzbuchs der RSFSR und in den entsprechenden Artikeln der Strafgesetzbücher der anderen Unionsrepubliken vorgesehenen militärischen Verbrechen verurteilt worden sind.

3. Unabhängig von der Strafdauer sind die folgenden Verurteilten aus den Internierungsanstalten zu entlassen: Frauen mit Kindern im Alter bis zu 10 Jahren und schwangere Frauen; Minderjährige im Alter bis zu 18 Jahren; Männer im Alter von mehr als 55 und Frauen im Alter von mehr als 50 Jahren sowie Verurteilte, die an einer schweren unheilbaren Krankheit leiden.

4. Die Strafdauer wird für Personen, die zu Freiheitsentziehung von mehr als 5 Jahren verurteilt worden sind, auf die Hälfte verkürzt.

5. Das Verfahren ist in allen Ermittlungssachen und in den noch nicht vor Gericht verhandelten Sachen einzustellen, soweit es sich um die folgenden vor dem Erlaß dieses Dekrets begangenen Verbrechen handelt:

a) Verbrechen, für die im Gesetz eine Freiheitsstrafe bis zu 5 Jahren oder andere Strafen vorgesehen sind, die nicht mit Einschließung in einer Internierungsanstalt verbunden sind;

b) Amtsverbrechen, Wirtschaftsverbrechen und die in Art. 2 dieses Dekrets aufgezählten militärischen Verbrechen;

c) Verbrechen, die von den in Art. 3 dieses Dekrets aufgeführten Personen begangen worden sind.

In anderen Fällen von Verbrechen, die vor dem Erlaß dieses Dekrets begangen worden sind und für die das Gesetz Freiheitsentziehung von mehr als fünf Jahren vorsieht, erläßt das Gericht dem Angeklagten die Strafe, wenn es die Verhängung einer Freiheitsstrafe bis zu fünf Jahren für angemessen erachtet; wenn dagegen das Gericht in solchen Fällen eine Freiheitsstrafe von mehr als fünf Jahren für erforderlich erachtet, — so verkürzt es die Dauer der Strafe um die Hälfte.

6. Der Strafmakel wird getilgt und die Aberkennung der Wahlrechte aufgehoben bei Bürgern, die früher verurteilt worden sind und ihre Strafe verbüßt haben, oder denen auf Grund dieses Dekrets ihre Strafe vorzeitig erlassen wird.

7. Von der Amnestie sind ausgenommen Personen, die auf die Dauer von mehr als fünf Jahren wegen gegenrevolutionärer Verbrechen, rechtswidriger Aneignung sozialistischen Eigentums in großem Ausmaß, Banditentums oder vorsätzlicher Tötung verurteilt worden sind.

8. Es wird für notwendig erachtet, die Strafgesetzgebung der UdSSR und der Unionsrepubliken mit dem Ziele zu überprüfen, die strafrechtliche Verantwortlichkeit für gewisse Amtsverbrechen, Wirtschaftsverbrechen, Verbrechen des täglichen Lebens und andere weniger gefährliche Verbrechen durch Verwaltungs- und Disziplinarmaßnahmen zu ersetzen sowie die strafrechtliche Verantwortlichkeit bei einzelnen Verbrechen zu mildern.

Das Justizministerium der UdSSR wird beauftragt, innerhalb eines Monats entsprechende Vorschläge auszuarbeiten und sie dem Ministerrat der Union der SSR zwecks Vorlage an das Präsidium des Obersten Sowjets der UdSSR zur Prüfung einzureichen.

Kolibri 360 GmbH
Ferdinand-Jühlke-Straße 7
99095 Erfurt, Deutschland
produktsicherheit@kolibri360.de